もしも明日、ぼくの足がなくなったら

[著]舟崎泉美

いろいろな義足《ぎそく》

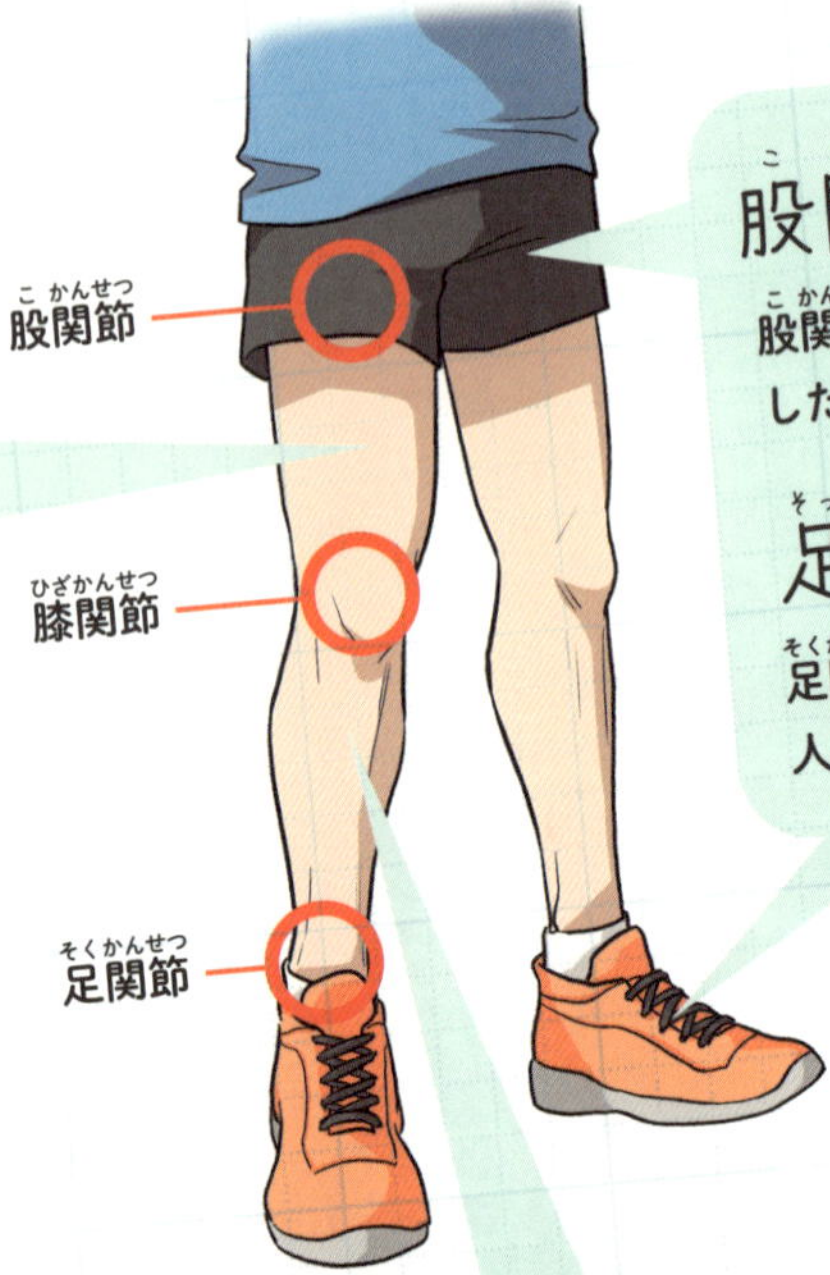

股関節義足《こかんせつぎそく》

股関節《こかんせつ》の周囲《しゅうい》で切断《せつだん》した人が使う。

足根義足《そっこんぎそく》

足関節《そくかんせつ》以下を失った人が使う。

下腿義足《かたいぎそく》

膝《ひざ》から下で切断《せつだん》した人が使う。

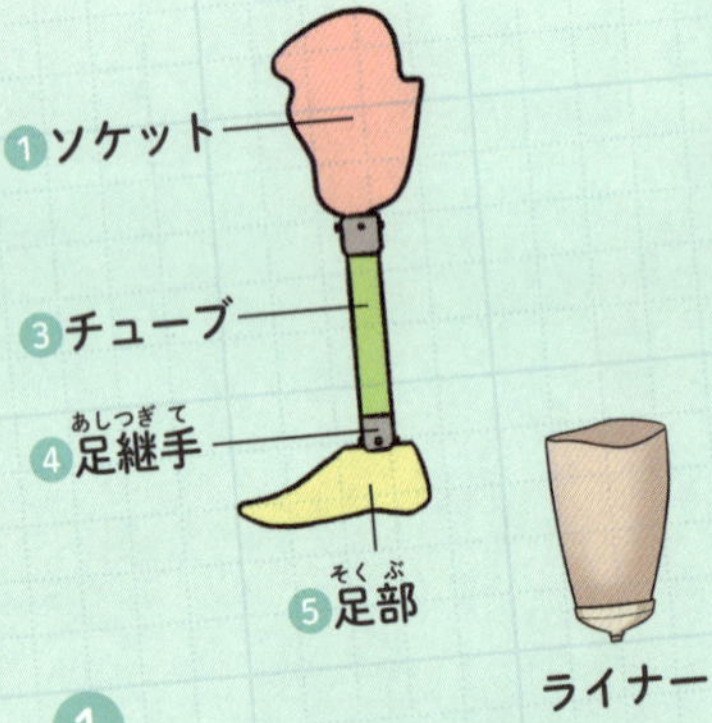

③
チューブは、金属《きんぞく》やカーボン製《せい》のパイプです。ここで義足《ぎそく》の高さを調整します。

④
足継手《あしつぎて》は、足関節《そくかんせつ》に代わる役割《やくわり》を果たします。

⑤
足部は、足の形をしています。地面にふれる部分で、体重移動《いどう》を滑《なめ》らかにします。

①
ソケットに足を入れて、義足《ぎそく》をつけます。足の断端《だんたん》※には、ライナーと呼《よ》ばれるシリコーン製《せい》の袋《ふくろ》をかぶせることもあります。

※断端《だんたん》――切断《せつだん》した足の残された部分のこと。

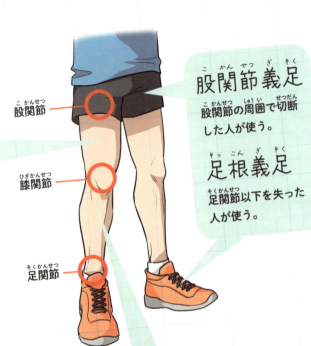

大腿義足《だいたいぎそく》

膝《ひざ》から上で切断《せつだん》した人が使う。

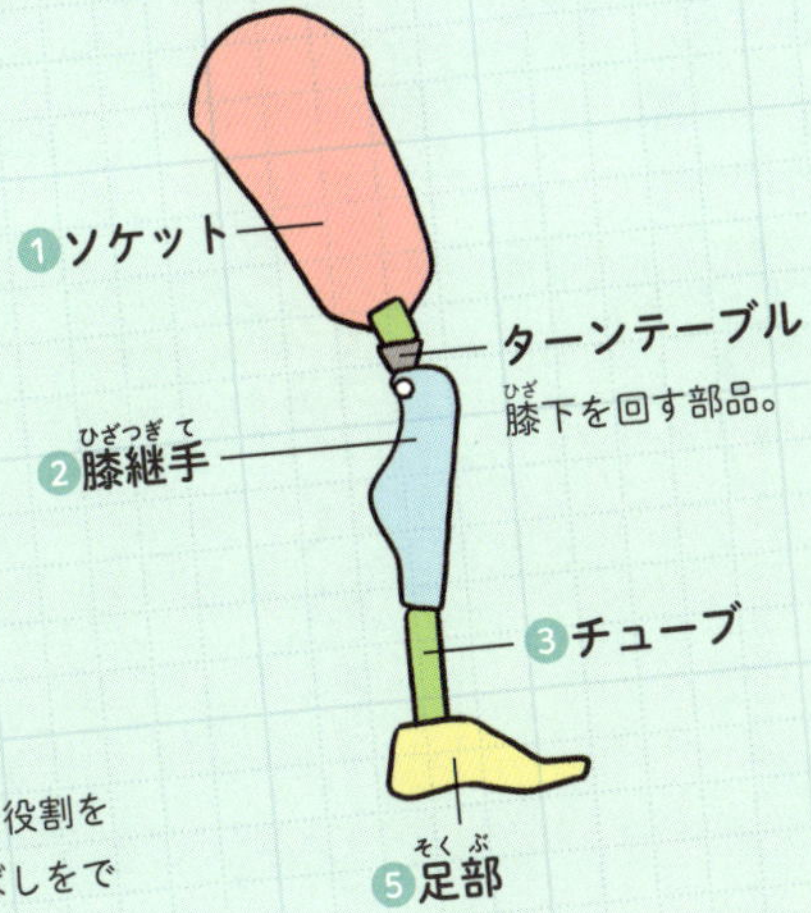

2

膝継手《ひざつぎて》は、膝関節《ひざかんせつ》に代わる役割を果たします。膝《ひざ》の曲げ伸《の》ばしをできるようにします。

陸上競技《りくじょうきょうぎ》用の義足《ぎそく》

陸上競技《りくじょうきょうぎ》には、競技《きょうぎ》用に改良された義足《ぎそく》を使います。板を曲げた形をしているので、通称《つうしょう》「板バネ」と呼《よ》ばれます。頑丈《がんじょう》で軽く、反発力の高いカーボン製《せい》が主流です。

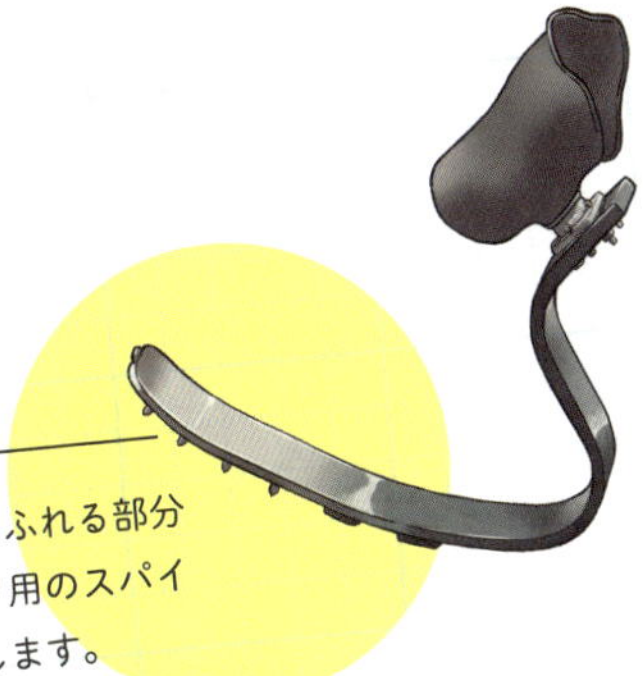

板バネの地面にふれる部分には、トラック用のスパイクをつけたりします。

イラスト：真琴

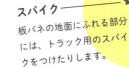

目次

著

舟崎 泉美（ふなさき いずみ）

小説家、脚本家。『ほんとうはいないかもしれない彼女へ』で、第１回本にしたい大賞受賞。その他の著作に、『ギソク陸上部』、ドラマノベライズ『仰げば尊し』（以上、Gakken）、『Ｖチューバー探偵団』シリーズ（朝日新聞出版）などがある。

スタッフ

装丁	山口秀昭（Studio Flavor）
イラスト	真琴（p.2 ～ 3）
	いらすとや（p.104）
図版	真琴（p.51、p.72 ～ 73）
編集協力	宮澤孝子、渡辺泰葉
ＤＴＰ	株式会社 センターメディア

写真提供

Aflo（表紙、p.23、p.32、p.36、p.49、p.89、p.106、p.110、p.116、p.137）
勅使川原みなみ（p.20、p.40、p.45、裏表紙左中・右下）
福田柚稀（p.59、p.65、p.77、裏表紙左上・左下）
saki（p.118、p.121、p.138）
須川まきこ（p.151、p.163、p.165、p.182、p.187、裏表紙右上）

はじめに

読者のみなさん、はじめまして。この本を書いた舟崎泉美《ふなさきいずみ》です。

この本は、五人の方にインタビューをして書いたノンフィクションです。

五人の方は、みなさん、いろいろな事情《じじょう》で足がありません。義足《ぎそく》をはいている人や、車いすで生活している人たちです。

この本を書くきっかけは、2022年に『ギソク陸上部』という小説を書いたことでした。

『ギソク陸上部』は、病気で膝《ひざ》から下の足を切断《せつだん》した中学生の主人公が、大好きだった陸上を一度はあきらめかけますが、義足《ぎそく》と出会い、再《ふたた》び走りだす物語です。その姿《すがた》を通して、大切な〝何か〟を失っても、それで夢《ゆめ》や希望、そして日々の生活を失うわけではない、というメッセージを伝えたつもりです。

私《わたし》は『ギソク陸上部』を書くために、多くの人にお話を聞きました。

それまでの私《わたし》は、足を失った人や義足《ぎそく》について何も知りませんでした。取材を始めたころは、どう話を聞いたらいいのかもわからず、緊張《きんちょう》ばかりしていました。この本を読んでいる人の中には、足がない人は「かわいそう」だと思っている人も、いるかもしれません。私《わたし》にも少し、そんな気持ちがありました。足がないのだから、きっと、たいへんな思いをして過《す》ごしているに違《ちが》いない。足を失ったつらい過去《かこ》の体験を聞いて、心の傷《きず》をえぐってしまったらどうしよう。そんな風に考えて、不安に思っていました。

でも、話を聞くうちに、その不安はなくなりました。

それは、義足《ぎそく》をはいてできることがたくさんあると知ったからです。そして、足を失ったことは決して良い過去《かこ》ではないけれど、取材したみなさんはそれを受け止めて、前向きに過《す》ごしていたからです。

足を失っても、人生は失わないんだ。そのことがわかり、話を聞くときの緊張《きんちょう》もほぐれました。

足とともに人生を失った人の話を聞くわけじゃない。足を失ったことによって、自分とはちょっと違《ちが》った体験をした人の話を聞くだけなんだ。そのことに気付いてからは、足を失った人の話を聞くことは、自分の知らない世界を知っている友達の話を聞くようなものだと思えました。そう思うと、もっともっと話を聞きたくなりますよね。

義足《ぎそく》の生活ってどんなもの？　義足《ぎそく》で走るってどんな感じ？　へえ、走るだけじゃないんだ。泳いだり、スキーをしたりもできるんだ。すごいなあ。

義足《ぎそく》をはいた人たちの話を聞くことは、新しい世界を知るように楽しくて、わくわくする時間でした。

ひとことで足を失ったといっても、みなさん、同じではありません。『ギソク陸上部』では、膝《ひざ》から下の足を切断《せつだん》（下腿切断《かたいせつだん》といいます）した少年を主人公にしましたが、膝《ひざ》から上で切断《せつだん》（大腿切断《だいたいせつだん》といいます）した人とは、はく義足《ぎそく》の種類も違《ちが》うし、生活するうえで難《むずか》しいことも違《ちが》います。義足《ぎそく》だけではなく、車いすを使って生活している人もいます。

私《わたし》は、取材を通して聞いた話を、小説の中だけに収《おさ》めてしまうのはもったいない。まだまだ、書き足りない。もっと、みんなに伝えたいと思いました。

それが、この本の始まりです。

今、この本を手にとってくれている人の中にも、もしかしたら、足がない人もいるかもしれませんね。足だけじゃありません。目が見えない、耳が聞こえない人だっているかもしれません。

一方で、障《しょう》がいがない人や、身近に障《しょう》がい者がいない人は、遠い世界の話に思うかもしれません。でも、この本に登場する五人の人たちも、ある日、突然《とつぜん》、足を失いました。

そのときまでは、自分が足を失うとは思ってもいなかった人ばかりです。もしかしたら、五人の姿《すがた》が自分の未来の姿《すがた》になることだってあるのです。

もしも明日、自分の足がなくなったらどうなるだろう。

そんな気持ちになって、想像《そうぞう》しながら読んでみてください。そして、自分と少し違《ちが》うけれど、自分と同じ世界を生きる人たちの話を、友達の話を聞くような気持ちで読み進めてもらえたらと思います。

友達がどんなことに困《こま》っているのか。友達がどんなことにがんばっているのか。

私《わたし》は、それを伝えるつもりで、この本を書きました。

この本が、みなさんが、新しい友達を「知る」きっかけになればうれしいです。

第1章

『義足《ぎそく》で』かなえる夢《ゆめ》は、もうない

【勅使川原《てしがわら》みなみさん】

2018年春、当時、中学二年生だった勅使川原《てしがわら》みなみさんは、左足のすねにこれまで経験《けいけん》したことのない「骨《ほね》の痛《いた》み」を感じ、整形外科へ行った。そこで、レントゲンやCT検査《けんさ》をしてもらった結果、すぐに大きな病院へ行った方が良いと言われ『がん・感染症《かんせんしょう》センター都立駒込《こまごめ》病院』を紹介《しょうかい》される。

精密検査《せいみつけんさ》の結果、みなみさんは悪性腫瘍《あくせいしゅよう》の『骨肉腫《こつにくしゅ》』であると診断《しんだん》された。平たく言えば、骨《ほね》に発生するがんである。急きょ、翌日《よくじつ》から入院、抗《こう》がん剤《ざい》（がんが増《ふ》えるのを抑《おさ》える薬）による治療《ちりょう》が始まった。その後、抗《こう》がん剤《ざい》で腫瘍《しゅよう》を小さくしたみなみさんは、左足を、膝下《ひざした》から15センチだけ残して切断《せつだん》した。

切断《せつだん》と決断《けつだん》

『骨肉腫《こつにくしゅ》』と診断《しんだん》されたとき、みなみさんはまだ、足を切断《せつだん》するなんて考えてもいなかったという。

「余裕《よゆう》だと思ったんですよ。ちょっとした足の病気で、入院して手術《しゅじゅつ》さえすれば、数日で家に帰って元の生活に戻《もど》れると思っていたんです」

骨肉腫《こつにくしゅ》は重い病気だ。だが、診断《しんだん》された段階《だんかい》では、みなみさんは骨肉腫《こつにくしゅ》がどんな病気かをまだ理解《りかい》していなかった。

精密検査《せいみつけんさ》を終えたみなみさんは、すぐに入院することになった。

「入院して一週間ぐらいで、検査《けんさ》のための三十分ぐらいの手術《しゅじゅつ》をしたんです。実際《じっさい》に足を開いて、骨肉腫《こつにくしゅ》の広がりの範囲《はんい》を知るためのものでした。初めての全身麻酔《ますい》での手術《しゅじゅつ》だったので、すごくこわかったですね」

検査《けんさ》のための手術《しゅじゅつ》を終えた数日後、みなみさんは医師《いし》から呼《よ》び出された。

「おじいちゃん、おばあちゃん、お父さん、お母さん。家族みんなが見舞《みま》いに来てくれた日に、主治医の先生から『ちょっとお話が……』と呼《よ》ばれたんですよ。それで、みんなで先生の部屋に行って話を聞いたんです。まず自分が入って、その次にお母さん、おばあちゃん、おじいちゃん。でも、お父さんだけは入って来なかったんです。そのときは、みんなで入ると部屋がぎゅうぎゅうになるからかなと思いました。でも後から『もし、みなみが足を切断《せつだん》するって聞いたら泣いてしまうと思って、聞く勇気が出なかったんだ。だから、中に入れなかった』と話してくれました。両親は、すでに骨肉腫《こつにくしゅ》について調べていて、足を切断《せつだん》する可能性《かのうせい》があることを知っていたみたいですね。部屋に入らなかったお父さんは、個室《こしつ》の前のろう下を行ったり来たりしていたそうです」

主治医からの話は、お父さんの悪い想像《そうぞう》通りだった。

「足を温存《おんぞん》するか、切断《せつだん》するかを、決めなくてはいけません」

みなみさんの足は、抗《こう》がん剤治療《ざいちりょう》によって腫瘍《しゅよう》を小さくしたうえで、腫瘍《しゅよう》を取り除《のぞ》く手術《しゅじゅつ》が必要だった。取り除《のぞ》くにあたっては、足を温存《おんぞん》するか、切断《せつだん》するか。二つのうちどちらかを、選択《せんたく》しなければならないのだ。

このとき、みなみさんは初めて「切断《せつだん》」というワードを聞いた。ようやく自分の足がなくなるかもしれないことを知った。

「ショックは受けなかったです。それどころか、切断《せつだん》しても平気な気がしたんですよね。たぶん、『切断《せつだん》』というあまりにも聞き慣《な》れないワードを耳にして、すぐには現実味《げんじつみ》を感じられなかったんですね。驚《おどろ》くほどに実感はわかなかったです」

みなみさんは「切断《せつだん》した場合はどうなるんですか？」「温存《おんぞん》した場合はどうなるんですか？」と、矢継《やつ》ぎ早《ばや》に細かく質問《しつもん》した。選ぶのは自分なので、きちんと知ったうえで決めたいと思ったのだ。主治医は、足を温存《おんぞん》した場合と切断《せつだん》した場合、それぞれのメリッ

＊温存——もとの状態《じょうたい》のまま、残すこと。

ト、デメリットについて語った。

足を温存《おんぞん》した場合のメリットは、当たり前だが、自分の足が残ることだ。自分の足で生活できるのは、大きなメリットである。隠《かく》さない時代になってきたとはいえ、義足《ぎそく》は、まだまだ*好奇《こうき》の目で見られることは多い。足を残せば、おしゃれもこれまでと変わらずにでき、短いスカートなども抵抗《ていこう》なくはくことができる。

一方で、温存《おんぞん》のデメリットもある。足を残すためには、腫瘍《しゅよう》の周辺の骨《ほね》などを、広範《こうはん》囲《い》に削《けず》らなければならない。削《けず》った部分は、人工関節や他の部位の骨《ほね》を移植《いしょく》したりする方法で再建《さいけん》する。せっかく残した足が、骨《ほね》を削《けず》って手術《しゅじゅつ》をした結果、弱くなって歩くのも困難《こんなん》になることがある。さらに、まれには完全に腫瘍《しゅよう》を取り切れていなかったり、転《てん》移《い》した腫瘍《しゅよう》が別の部位にあったりするリスクもある。また、切断《せつだん》よりも再発《さいはつ》の可能性《かのうせい》は高い。

足を切断《せつだん》する場合のメリットは、義足《ぎそく》をはけば、スポーツなどもできることだ。そのためには、義足《ぎそく》をつけなければならない。

これが裏《うら》を返せばデメリットで、義足《ぎそく》での生活にはさまざまな不便もある。うまく使えるようになるには訓練が必要だし、義足《ぎそく》のメンテナンスも一生しなくてはならない。万が一、自分に合う義足《ぎそく》を作れなかった場合は、歩きにくさを抱《かか》えることもある。そして、これが大きな要素《ようそ》だが「見た目が義足《ぎそく》であること」を受け入れなくてはならない。

「主治医の先生から、足を温存《おんぞん》した場合は、手術《しゅじゅつ》後しばらくは杖《つえ》をついて歩くことができる。でも、将来的《しょうらいてき》には、車いすになるかもしれないし、走れなくなるよと。切断《せつだん》した場合は、義足《ぎそく》をはいて歩いたり走ったりできる。行動範囲《はんい》が大きいのは義足《ぎそく》の方だねと言われました」

バスケットボール部に所属《しょぞく》していて、運動が好きだったみなみさんは、義足《ぎそく》で運動できる方を選びたい気持ちにかられた。だが、自分で決められない性格《せいかく》も相まって、お母さんに聞いたという。

「ママならどうする?」

お母さんはこう答えた。

＊好奇――めずらしいことに興味《きょうみ》をもった様子。

「命が助かってほしいから、ママだったら切るかな」

お母さんは、この日、主治医に呼《よ》ばれる前から切断《せつだん》の意思を固めていた。

「私《わたし》の中では切断《せつだん》という選択肢《せんたくし》しかなかったです。みなみは十代だったので、転移《てんい》も速いだろうし、温存《おんぞん》すれば再発《さいはつ》する可能性《かのうせい》もありました。それに、温存《おんぞん》した場合、足を引きずって歩くことになると先生が言っていたんです。もしそうなれば、きっと、ふだんの生活で階段《かいだん》の上り下りもたいへんだろうし、将来《しょうらい》、結婚《けっこん》して元気な子どもができたとき、追いかけるのも苦労すると思ったんです。だったら、義足《ぎそく》の方が楽なんじゃないかなと考えました。

あと、今の義足《ぎそく》っておしゃれなんですよ。隠《かく》すものではなくなってきています。それに、みなみの性格《せいかく》上、見た目はそんなに重要じゃないだろうというのもあり、切断《せつだん》の方がいいと思ったんです」

その深い気持ちまでは知らなかったが、お母さんの言葉は、みなみさんを後押《あとお》しした。

みなみさんの気持ちは固まった。

「走りたいんで、切ります」

みなみさんは、足の切断《せつだん》を決めた。

「切断《せつだん》を決めても、ショックな気持ちはありませんでした。ただ一日、二日経《た》つうちに、足がなくなることを想像《そうぞう》したりして、少しずつ現実味《げんじつみ》を帯びてきて、不安な気持ちもわいてきました。それでもまだ、心には余裕《よゆう》があったと思います」

その後、五か月にもわたる抗《こう》がん剤治療《ざいちりょう》が始まった。髪《かみ》だけでなくまゆげ、まつげ、全身のあらゆる毛が抜《ぬ》けた。毎日、激《はげ》しい吐《は》き気《け》とも闘《たたか》った。

そして2018年7月30日、手術《しゅじゅつ》当日。

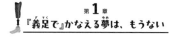

みなみさんは、五時間にも及《およ》ぶ手術《しゅじゅつ》を経《へ》て、左足を膝下《ひざした》から15センチだけ残して切断《せつだん》した。

「切断《せつだん》した日は、麻酔《ますい》が効《き》いていて記憶《きおく》があいまいなんですよ。次の日からは熱が出て、それが二日間続いたんです。だから、自分の足を見る余裕《よゆう》もなかったですね。熱が下がった三日目に、ちょっとベッドから離《はな》れてみようかと主治医の先生から言われて、看護師《かんごし》さんに手伝ってもらい、車いすに乗りました。そのとき初めて、自分の切断《せつだん》した足を見たんです。そこでようやく、足を切った実感がわきました。泣きましたね。涙《なみだ》が出ました。頭ではわかっていたけれど、実際《じっさい》に足がないのを見るとすごく悲しかったんです。人生で最大のショックを受けました」

この日、みなみさんは、初めて足を失った事実と向き合った。

海に行きたい

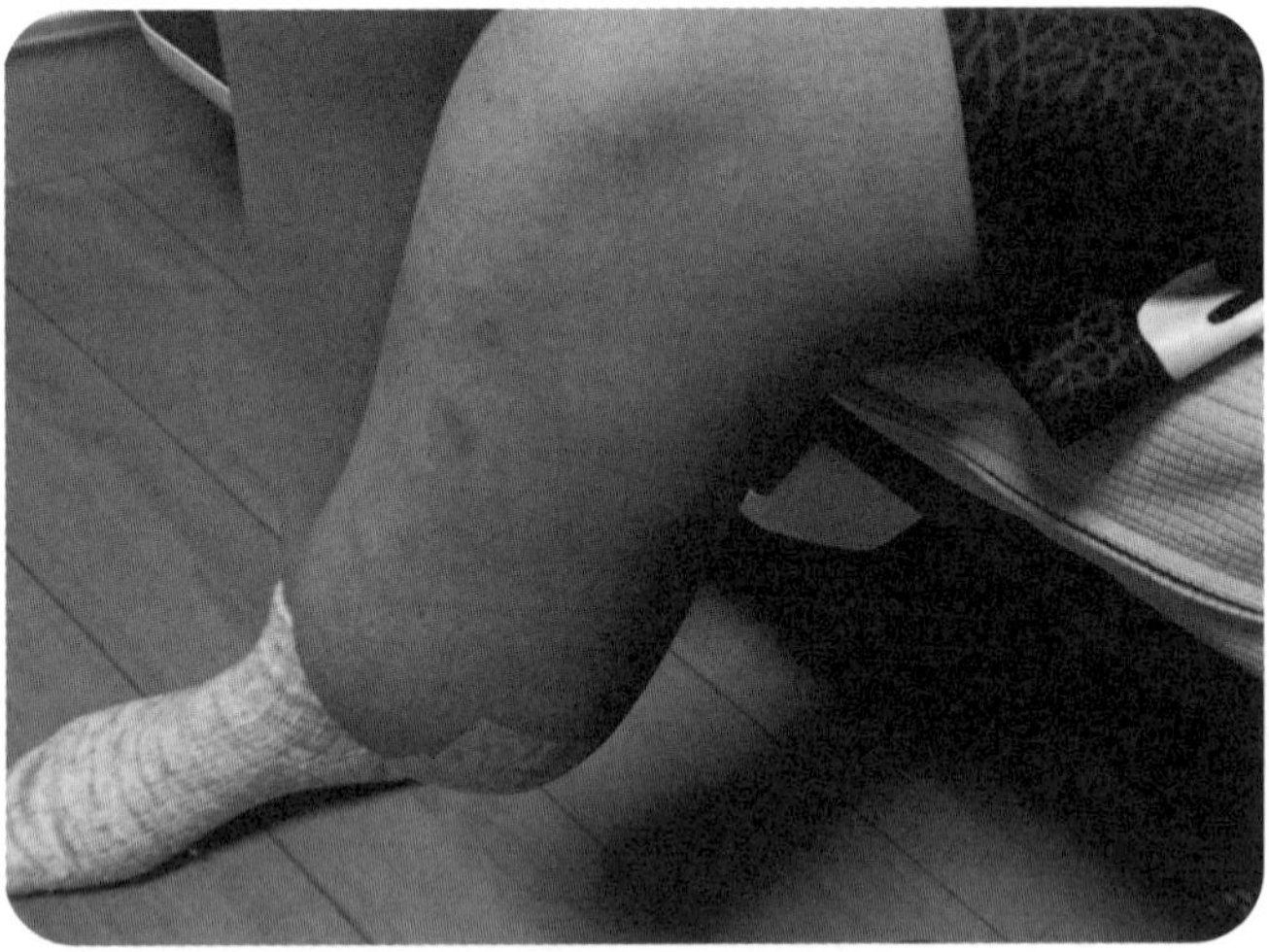

▲切断《せつだん》した後のみなみさんの左足。

手術《しゅじゅつ》から数日後、みなみさんは、お母さんから「どこか行きたいところない？　がんばったから連れていってあげるよ」と言われた。抗《こう》がん剤《ざい》治《ち》療《りょう》中から、みなみさんは、お母さんと、手術《しゅじゅつ》が終わったらごほうびとしてどこかへ出かけようと約束していたのだ。

「海に行きたいって答えたんですよ。主治医の先生から、海水が傷口《きずぐち》に入らなければすぐに行ってもいいですよと言われたので、足を切断《せつだん》してから一週間ほどで行きました。おばあちゃん、お父さん、お母さん、お姉ちゃんと、みんなでいっしょに」

　みなみさんは松葉杖《まつばづえ》を使い、砂浜《すなはま》に下りて海へと向かった。

「切断《せつだん》した左足は、まだ包帯でぐるぐる巻《ま》きの状態《じょうたい》でしたが、切断《せつだん》していない足でケンケンをしながら浅瀬《あさせ》に入りました。波が、足の下の砂《すな》をすくっていくので、足が沈《しず》んじゃうんですよ。転びそうでこわかったのを覚えていますね」

　切断手術《せつだんしゅじゅつ》の後、初めて病院の外へ出た日だった。そのときの気持ちをたずねると、みなみさんは、顔をほころばせて言った。

「すごく気持ち良かったです」

骨肉腫《こつにくしゅ》と宣言《せんげん》され、抗《こう》がん剤《ざい》治療《ちりょう》、切断手術《せつだんしゅじゅつ》を乗り越《こ》えることは、中学二年生だったみなみさんにとって、抱《かか》えきれないほどの大きな出来事だったはずだ。波に触《ふ》れたとき、みなみさんはようやくほっと一息つけたという。

再《ふた》び、学校へ

みなみさんは、足を切断《せつだん》後も骨肉腫《こつにくしゅ》の再発防止《さいはつぼうし》のため、七か月にわたる抗《こう》がん剤《ざい》治療《ちりょう》を受けた。その一方で、義足《ぎそく》で生活するためのリハビリも始めた。初めて仮義足《かりぎそく》をはいたのは、9月19日、切断手術《せつだんしゅじゅつ》から約一か月半後のことだった。

仮義足《かりぎそく》というのは、これから永《なが》く使う「本義足《ほんぎそく》」の前の義足《ぎそく》だ。なぜ、わざわざ「仮《かり》」が必要なのかには理由がある。切断《せつだん》した足の先端《せんたん》部分は断端《だんたん》と呼《よ》ばれるが、この断端《だんたん》は、切断《せつだん》後、むくみや腫《は》れなどの影響《えいきょう》で大きくふくらんでいる。やがてむくみや腫《は》れは引き、断端《だんたん》もしぼんでいくのだが、それまでは義足《ぎそく》をつける断端《だんたん》のサイズが確定《かくてい》しない。そのため、すぐに本義足《ほんぎそく》を作ることができないのだ。断端《だんたん》の形が安定するまでは「仮義足《かりぎそく》」をはいて生活をする。

「初めて仮義足《かりぎそく》をはいたのは、病院のリハビリ室ですね。義肢装具士《ぎしそうぐし》さんとリハビリの先生がいっしょでした。それで、歩いてみたんです。最初は平行棒《へいこうぼう》を使っての歩行練習でした。断端《だんたん》の傷《きず》が破《やぶ》れないか心配で義足《ぎそく》に体重をかけられず、平行棒《へいこうぼう》に頼《たよ》ってばかりいたので、リハビリの先生から注意されましたね」

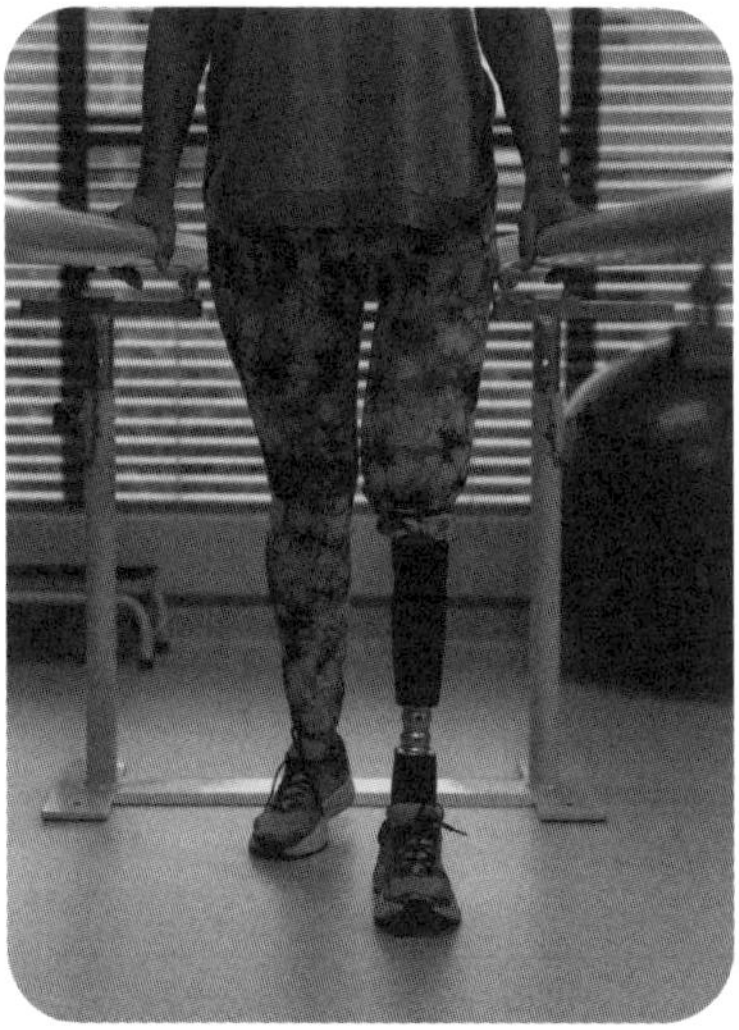

▲平行棒《へいこうぼう》の間に立ち、転ばないように歩行練習する。

慣《な》れない仮義足《かりぎそく》に苦戦しながらも、みなみさんはリハビリをこなしていった。同時に、みなみさんは学校にも再《ふたた》び通い始めた。学校に行けるのは抗《こう》がん剤《ざい》治療《ちりょう》の合間の一時退院《たいいん》のときのみ、それも体調が良いときに限《かぎ》られてはいるが、短い時間でも、学校に戻《もど》ることはみなみさんにとって大きな前進であった。

「仮義足《かりぎそく》になってからは、学校に折りたたみ式の杖《つえ》をつきながら通いました。慣《な》れてないので、登校は、両親のどちらかに車で送ってもらっていましたね。

クラスメイトはみんなすごく親切でした。教室移動《いどう》のときに、私《わたし》が片手《かたて》で杖《つえ》をついて、もう片方《かたほう》の手で教科書を持っていたら、『持つよ』と荷物を運ぶのを手伝ってくれたり、給食のときも、杖《つえ》をついていたら配ぜんがたいへんだからって、代わりに配ぜんの列に並《なら》んでくれて、給食を運んだりしてくれました。先生もすごく優《やさ》しくて『勉強しに来るんじゃなくて、友達に会いに来るだけでいいよ』と言ってくれました。なので、友達に会って、給食を食べて、家に帰るみたいな形でだいたい、一日四時間ぐらい学校で過《す》ごしていました」

みなみさんは、当時のクラスメイトは本当に優《やさ》しかったと、たくさんのエピソードを語った。運動会のとき、まだ参加できないみなみさんに「絶対《ぜったい》に優勝《ゆうしょう》するから!」と言ってみんなで作った千羽《せんば》づるをわたしてくれた、クラスメイト一人一人からのはげましのメッセージが書かれた学級通信が配布《はいふ》された……。こうしたクラスメイトの支《ささ》えもあって、みなみさんは少しずつ日常《にちじょう》を取り戻《もど》していく。学校にはエレベーターもあり、設備《せつび》が整っていたことも、以前と変わらない生活に戻《もど》るための後押《あとお》しになった。

こうした話を聞けば、みなみさんは環境《かんきょう》に恵《めぐ》まれていたように感じられる。慣《な》れない義足《ぎそく》生活に、苦労はなかったのだろうか。

「階段《かいだん》がこわかったです。義足《ぎそく》に体重がかけられず、手すりに体重を乗せてなんとか上り下りしていました。今ではだいぶ慣《な》れましたが、それでも幅《はば》（足を乗せる部分）がせまい階段《かいだん》はこわいですね」

義足《ぎそく》で階段《かいだん》を上り下りするのは難《むずか》しい。健*足ならなんでもないようなゆるやかな階段《かいだん》でも、大きな困難《こんなん》が生じるのだ。だから、みなみさんのように階段《かいだん》をこわがる人も多い。特に下りはこわさを感じるという。

その大きな要因《よういん》は、足部にある。

足部とは、義足《ぎそく》の「かかとからつま先の部分」だ。足部は、健足の足と同じような形

＊健足——障《しょう》がいのない足。

をしているが、健足の足と違《ちが》って、そこには動かせる指や筋肉《きんにく》などが存在《そんざい》していない。状況《じょうきょう》に応《おう》じて微妙《びみょう》な動きをしてくれることもなければ、不安定なときにぎゅっと力を入れて踏《ふ》ん張《ば》ってくれることもない。非常《ひじょう》に不安定なものだ。

また、足部には足裏《あしうら》の感覚がないため、しっかり階段《かいだん》を踏《ふ》めているかどうかも気付きにくい。

さらに、頼《たの》みの足部すらはみ出すような幅《はば》のせまい階段《かいだん》の場合、不安定さはより大きくなる。

最近は、駅やビルなど多くの場所でエレベーターが設置《せっち》されている。しかし、例えば歩道橋など、まだまだエレベーターが設置《せっち》されていないところも多い。もし、エレベーターのない場所で、困《こま》っている義足《ぎそく》の人を見かけたら、手を貸《か》してあげるなどの配慮《はいりょ》をしてほしい。エレベーターが広く行きわたることはもちろん重要だが、一人一人の思いやりも義足《ぎそく》ユーザーを支《ささ》えているのだ。

「仮義足《かりぎそく》のときに一度、階段《かいだん》で骨折《こっせつ》しました。自分の通っていた幼稚園《ようちえん》が取り壊《こわ》される前に、幼稚園《ようちえん》が開放されるというので、遊びに行ったんです。でも、幼児《ようじ》向けの階段《かいだん》なので、幅《はば》がせまかったんですね。それで階段《かいだん》を踏《ふ》み外して、そのまま滑《すべ》り落ちてしまいました。膝《ひざ》が違《ちが》う方向に曲がっていて、翌日《よくじつ》、病院《びょういん》に行って検査《けんさ》したら、膝《ひざ》を骨折《こっせつ》していましたね」

周囲《しゅうい》からの視線《しせん》

階段《かいだん》の他にも、みなみさんがこわかったものがある。

中学三年生になって、みなみさんの学校では、クラス替《が》えが行われた。そのころから、みなみさんは、周囲《しゅうい》の視線《しせん》に恐怖《きょうふ》を感じるようになった。

「中三で初めて同じクラスになった人たちは、私《わたし》がどうして足を切断《せつだん》したか事情《じじょう》を知らないんです。そのせいか、少し距離《きょり》を置いて遠巻《とおま》きに見られているようで、それがすごく気になりました。

あと、登校中ですね。中三のころには、仮義足《かりぎそく》から本義足《ほんぎそく》になり、送り迎《むか》えなしで学校に通えるようになっていたんです。通学路に大通りがあるんですけど、朝は人が多いですよね。大勢《おおぜい》が見てくるんですよ。特に、子どもからの視線《しせん》がすごいんです。夏場って長ズボンをはかないじゃないですか。制服《せいふく》でスカートをはくと、義足《ぎそく》が丸見えなんです。それを、子どもは遠慮《えんりょ》なくじろじろ見てきますね」

抗《こう》がん剤治療《ざいちりょう》も完全に終わり、学校に通う時間はできたものの、みなみさんは一時、不登校になってしまった。

だが、その視線《しせん》に対するこわさも、高校生になったころには吹《ふ》っ切れるようになったという。

「高校生って、中学生よりずっとスカート短いですよね（笑）。それで、電車に乗って学校に通っていたんですよ。でも、平気でした。自分自身が義足《ぎそく》に慣《な》れたのが大きいですね」

周りの視線《しせん》が変わったというよりも、自分が変わったことが、他人の目を気にしなくなった理由だと、みなみさんは話す。

「高校は知っている子が一切いない学校に入ったんですよ。それも気にならなくなった理由だと思います。高校に入ってから知り合った人は、私《わたし》の足がなくなる前のことも知らないんですよ。なので、もともと足がない人、もともと義足《ぎそく》の人という感覚で、私《わたし》を見ていたんだと思います。付き合いがフラットというか、かわいそうという視点《してん》がないんですよね。

中三のクラス替《が》えでクラスメイトになった人たちは、もともと私《わたし》の足があったのを知っているから、たぶん、かわいそうっていう思いがあったんじゃないかな。だから、かわいそうな子にどう接《せっ》していいのかわからずに、ちょっと距離《きょり》を置いていた部分があったのかな。決して意地悪されたわけじゃないし、みんな優《やさ》しかったけれど、かわいそうな人という目がこわかったんだと気付きました」

みなみさんは、日を追うごとに、少しずつ義足《ぎそく》の自分を受け入れていった。

自分に合った義足《ぎそく》

義足《ぎそく》の生活に慣《な》れたみなみさんは、切断《せつだん》を選んだ目的である〝走る〟ことに向き合い始める。

「最初に作った本義足《ほんぎそく》は、病院で紹介《しょうかい》してくれた義肢装具士《ぎしそうぐし》さんに作ってもらいました。ただ、その義足《ぎそく》はすごく重かったんです」

義足《ぎそく》は、義肢装具士《ぎしそうぐし》と呼《よ》ばれる専門家《せんもんか》が製作《せいさく》する。「義肢《ぎし》」とは義足《ぎそく》や義手《ぎしゅ》といった人工の手足のことで、「装具《そうぐ》」とは身体の機能《きのう》の回復《かいふく》や機能《きのう》低下を防止《ぼうし》する目的で用いられる器具のこと。腰痛《ようつう》の人がつけるコルセットなどが装具《そうぐ》だ。

最初の義足《ぎそく》は、みなみさんが想像《そうぞう》している以上に重かった。義足《ぎそく》は、切断《せつだん》した部位と同じ重さで作られることが多い。それが、義足《ぎそく》をはいたときに違和感《いわかん》がないとされているからだ。みなみさんの切断《せつだん》した足は二キロほどの重さであったため、義足《ぎそく》も二キロほどの重さであった。

「でも、『これ本当に健足と同じ重さなの？』と思いましたね。自分の足という感覚はわかなくて、くっついているだけという感じでした。たとえると足首に二キロの重りをつけているような感覚でしたね」

足を切断《せつだん》するということは、骨《ほね》だけでなく筋肉《きんにく》も切断《せつだん》する。切断《せつだん》後は、以前より筋肉《きんにく》がなくなっているし、長い入院生活で筋力《きんりょく》も落ちている。そのせいか、みなみさんは、義足《ぎそく》がひどく重く感じられた。それは、走るために足の切断《せつだん》を選んだはずなのに、本当に走れるのかと不安になるほどだった。

「そのとき担当《たんとう》してくれていた義肢装具士《ぎしそうぐし》さんに『義足《ぎそく》で走れるようになりますか？』って聞いたんですよ。そしたら『義足《ぎそく》は歩くためのものなんで』って、ズバッと切り捨《す》てられたんです。突《つ》き放された気持ちでした」

みなみさんといっしょに話を聞いていたお母さんも、大きなショックを受けた。当時について、お母さんは、義足《ぎそく》が合っていなかったと話す。

「みなみは足を引きずって歩いていましたね。痛《いた》いからはきたくない、骨《ほね》が当たって嫌《いや》

▲細かく義足《ぎそく》を調整する義肢装具士《ぎしそうぐし》。

だということが、すごく多かったんです。義足《ぎそく》が合っているようには見えませんでした。この義肢装具士《ぎしそうぐし》さんのままでは、みなみが〝走る〟のは難《むずか》しいんじゃないかなと思いました」

例えば自動車のような機械製品《せいひん》は、一定の設計図《せっけいず》に従《したが》って同じものを作る。そこには、モノづくりの職人的要素《しょくにんてきようそ》が＊介在《かいざい》することはあまりない。

しかし、義足《ぎそく》はそうではない。一人一人の足に合わせて、異《こと》なる微妙《びみょう》な調整をしながら作るものだ。だから、できあがる義足《ぎそく》には、製作《せいさく》する義肢装具士《ぎしそうぐし》の意向や持ち味が強く影響《えいきょう》する。自分にぴったり合った義足《ぎそく》を作るためには、義肢装具士《ぎしそうぐし》との相性《あいしょう》も重要になってくる。

みなみさんの最初の義肢装具士《ぎしそうぐし》は、走ることよりも、きれいに歩くことに重点を置いていた。そのため、走ることを目的としていたみなみさんに合う義足《ぎそく》を、なかなか作れなかった。

次の診察《しんさつ》のとき、みなみさんとお母さんは、主治医の先生に義肢装具士《ぎしそうぐし》を変えたいと相談した。すると主治医の先生は「みんな、自分のお気に入りの装具士《そうぐし》さんにどんどん変えていきますよ」と言った。

その言葉を聞いたお母さんは、インターネットに『義足《ぎそく》　走る』というキーワードを入力して調べた。すぐには役立つ情報《じょうほう》が見つからなかったものの、SNSで出会った方から、臼井二美男《うすいふみお》さんという義肢装具士《ぎしそうぐし》を紹介《しょうかい》される。

臼井《うすい》さんは『鉄道弘済会義肢装具《こうさいかいぎしそうぐ》サポートセンター』に所属《しょぞく》する義肢装具士《ぎしそうぐし》だった。

このサポートセンターは、病気を治すことがメインの病院とは異《こと》なり、義肢《ぎし》や装具《そうぐ》を

＊介在——間に入ること。

使う人が元の生活を取り戻《もど》すことを専門《せんもん》とするリハビリ施設《しせつ》だ。

足の切断《せつだん》の手術《しゅじゅつ》をすると、多くの場合は手術《しゅじゅつ》をした病院で義足《ぎそく》を作ってもらい、そのまま同じ病院でリハビリを行う。だが、病院はリハビリが専門《せんもん》の施設《しせつ》ではないから、十分なリハビリができないことも多い。平たんな道での歩行には問題がなくても、先に述《の》べたような階段《かいだん》だったり、坂道だったり、電車の乗り降《お》りだったり、義足《ぎそく》で生活していくうえでの困難《こんなん》はたくさんある。

それでは、元の生活に安心して戻《もど》ることができない。義肢装具《ぎしそうぐ》サポートセンターでは、こうした不安に、納得《なっとく》いくまで訓練することができる。歩ける状態《じょうたい》に持っていくのが病院だとすれば、上手に歩ける、走れるという状態《じょうたい》にまで水準《すいじゅん》を上げていくのがサポートセンターだ。

臼井《うすい》さんもそこで働く一人であり、お母さんはすぐに連絡《れんらく》をとった。

「臼井《うすい》さんは、義足《ぎそく》ユーザーのための陸上チーム『スタートラインＴｏｋｙｏ《トウキョウ》』を運営《うんえい》していました。義足《ぎそく》で走りたいという相談をしたら、臼井《うすい》さんからは、まず『スタートラインＴｏｋｙｏ』の練習会に来てくださいと言われました。
初めて参加したときは、びっくりしましたね。義足《ぎそく》ユーザーがあんなにいる場所に行ったこともなかったし、競技場《きょうぎじょう》のいたるところに義足《ぎそく》が置いてある光景にもびっくりしました。参加者は、みなさんスポーツ用の義足《ぎそく》にはき替《か》えて走るので、生活用の義足《ぎそく》がフィールドに転がっているんですよ（笑）。本当に驚《おどろ》きました」

『スタートラインＴｏｋｙｏ』では定期的に練習会を開催《かいさい》している。特に練習のメニューが決まっているわけではなく、みんなそろってストレッチを行うが、ストレッチの後はおのおのスポーツ用の義足《ぎそく》にはき替《か》えて、自由に走りを楽しむ。そのため、本格的《ほんかくてき》に陸上競技《きょうぎ》に挑戦《ちょうせん》している義足《ぎそく》ユーザーだけではなく、義足《ぎそく》ユーザーになったばかりの少し走ってみたいという初心者でも、なじみやすい雰囲気《ふんいき》のチームだ。

「この日、初めて義足《ぎそく》で走っている人を目の前で見ました。驚《おどろ》きましたね。あれぐらい走れればいいなと思いました」

みなさんは、病院でのリハビリ中に、他の義足《ぎそく》ユーザーと会うことはなかったとい

▲板バネをはき、バネで地面をけって走る。

う。だから、たくさんの義足《ぎそく》ユーザー、それもみんな走っているというのは大きな衝《しょう》撃《げき》だった。

「初日から板バネをレンタルしました。自分がふだん使っている生活用の義足《ぎそく》のチューブ部分を、板バネに付け替《か》えてもらったんです」

板バネとは、走るためにつけるカーボン素材《そざい》でできたバネであり、スポーツ用の義《ぎ》足《そく》に使用されている。バネで地面をけることにより、地面からの反発を受けて足が弾《はず》む。それを利用して義足《ぎそく》でも走ることが可《か》能《のう》になる。パラリンピックでアスリートたちがはいているのも、この板バネがついたスポーツ用の義足《ぎそく》だ。本格的《ほんかくてき》に走る場合には、断端《だんたん》を包むソケット*からスポーツ用の義足《ぎそく》仕様に作りかえる必要があるが、レンタルする場合は、ふだん使っている義足《ぎそく》のソケットを利用し、カーボン素材の板バネにはき替《か》える。

「板バネをつけた片足《かたあし》だけトランポリンみたいに跳《は》ねるんです。初めは感覚がつかめなかったですね。ずっと揺《ゆ》れていて、立つのもやっとでした」

その日は、パラリンピアンの大西瞳《おおにしひとみ》選手が直接指導《ちょくせつしどう》してくれたという。

「初めはこわくて板バネに体重がかけられなかったんですよ。健足にしか体重を乗せられなくて、大西さんから『こっちに体重かけるんだよ』と言われても『いや、こわいですよ』みたいな感じの会話をしていましたね」

みなみさんは、大西さんに横で付き添《そ》ってもらい、三時間ほど歩く練習をした。ようやく歩けるようになった後に、見よう見まねで走ってみた。

「なんとか小走りはできるようになりましたね。ほとんど健足側に体重を乗せて、義足《ぎそく》

*ソケット――断端《だんたん》を納《おさ》めて、義足《ぎそく》と接続《せつぞく》する部分。2ページ参照。

をかばうような走り方でしたけれど。小走りを何本かした後にリレーをしたんです。走り始めたばかりで慣《な》れていない人の四人で。へたっぴではあるんですが、アンカーを任《まか》されました。みんなでバトンパスをしてゴールしたときに、『おおっ！』とスタートラインのみんなが拍手《はくしゅ》で出迎《でむか》えてくれました。すごく気持ち良くて、もっと走りたいって気持ちになりましたね」

初めて走れた喜《よろこ》びとともに、もっとうまく走りたいという気持ちが芽生えてくるのがわかったという。

「ずっと走りたかったので、走れたこと自体はもちろんうれしかったんです。でも、同時にモヤモヤした気持ちになりました。板バネをはいてすぐにさっそうと走れる人っていないと思うんですけど、なぜか、板バネさえはけば全然いける、自分は走れると思い込《こ》んでいたんですよ。でも、実際《じっさい》は体重をかけられないし、すぐにバランスがくずれて一定のテンポで走れなくって、『え、今の自分はこれしかできないの？』と悔《くや》しかったです。ちゃんと走れるようになりたいと思いました」

このときから、みなみさんは『スタートラインＴｏｋｙｏ』に通い始めるようになる。同時に、臼井《うすい》さんのもとで義足《ぎそく》を作ってもらうようにもなった。

「お母さんが、臼井《うすい》さんに義足《ぎそく》が合わないという話をしたんですよ。そしたら、今度、調節するから義肢装具《ぎしそうぐ》サポートセンターのアトリエに来なさいって言ってもらえたんです。ソケットの中を削《けず》ったり、パッド*をはったりして調整してもらったら、ずいぶんとはきやすくなったんですよ。痛《いた》くなくなりました。すごいですよね。それで、今後は臼《うす》井《い》さんの義足《ぎそく》にすると決めて、次の義足《ぎそく》からは臼井《うすい》さんに作ってもらいました。すごく軽くて良かったですね」

臼井《うすい》さんに初めて義足《ぎそく》を作ってもらったのは、中学三年生のときだった。

その義足《ぎそく》は、メンテナンス（保守）を行いながらおよそ一年半使用した。義足《ぎそく》は、足の形が変わったり、耐用《たいよう》年数が過《す》ぎたりした場合に新しくする。活動量や日々の生活によって変化するため、人それぞれではあるが、一〜三年で交かんする人が多い。

＊パッド――つめ物。洋服の形を整えたりするために用いる。

新しい挑戦《ちょうせん》

その年の秋、みなみさんは、コレド室町《むろまち》テラスで開催《かいさい》されたパラアスリートを応援《おうえん》するイベント『BEYOND《ビヨンド》 FES《フェス》日本橋』で、モデルとしてファッションショーに挑《ちょう》戦《せん》した。臼井《うすい》さんはショーに合わせて新しい義足《ぎそく》を作ってくれた。

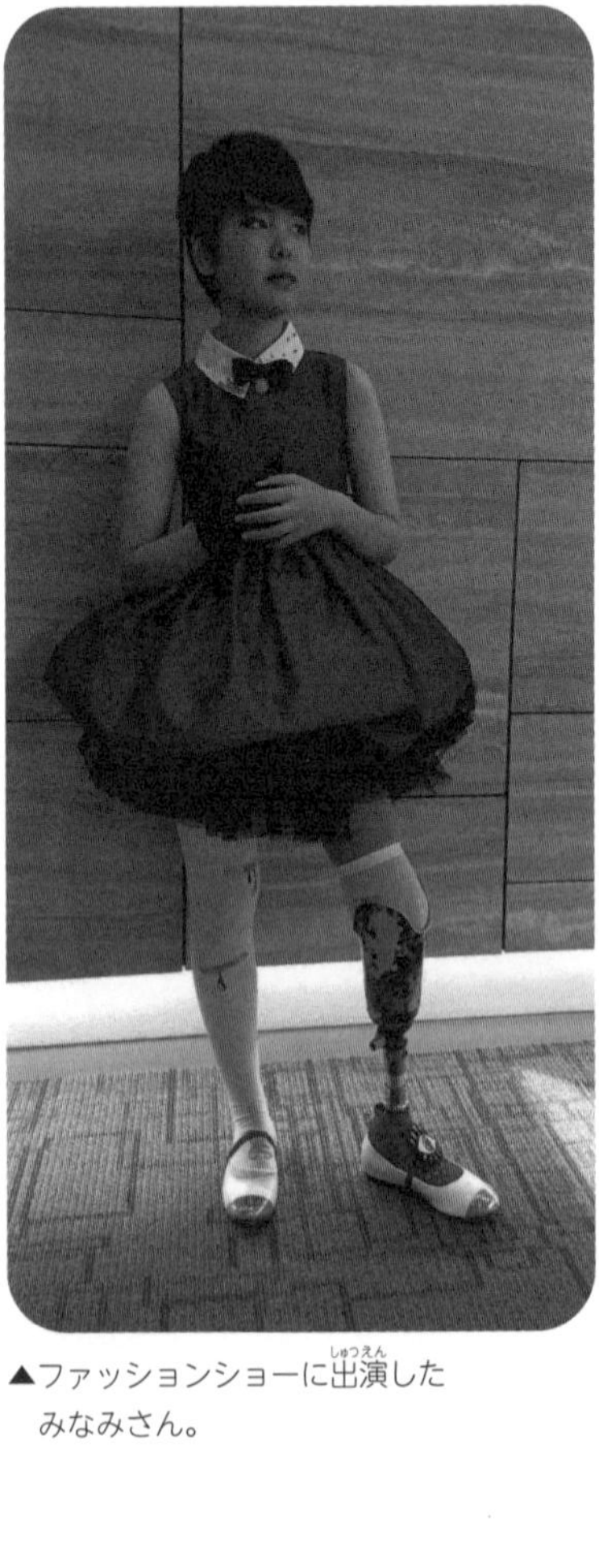

▲ファッションショーに出演《しゅつえん》したみなみさん。

現在《げんざい》、みなみさんはふだんの義足《ぎそく》の他に、スポーツ用の義足《ぎそく》も、臼井《うすい》さんに作ってもらって使っている。

「スポーツ用の義足《ぎそく》は、24時間テレビの寄付《きふ》で作ってもらいました」

日本テレビで例年8月に放送されている『24時間テレビ』からは、多くのスポーツ用義足《ぎそく》が寄付《きふ》されている。みなみさんの義足《ぎそく》も、寄付《きふ》で作られた一本だ。スポーツ用の義《ぎ》足《そく》を作ったみなみさんは、その年の11月に大会にも出場した。東京都障害者総合《しょうがいしゃそうごう》スポーツセンター主催《しゅさい》の『はばたき陸上大会』だ。初心者から上級者まで幅広《はばひろ》く参加できる大会だった。

「『スタートラインＴｏｋｙｏ』に通い始めて四、五回ぐらい練習会に行った後に参加しました。そんなに大きな大会ではなかったので、クラス分けは明確《めいかく》じゃなかったです」

パラアスリートの大会では、障《しょう》がいごとにクラス分けを行う。例えば、みなみさんのような片足《かたあし》の下腿切断《かたいせつだん》（膝《ひざ》から下での切断《せつだん》）の場合はＴ64というクラスだ。大きな大会では、下腿切断《かたいせつだん》の他にも、大腿切断《だいたいせつだん》（膝《ひざ》から上での切断《せつだん》）、腕《うで》の切断《せつだん》や視覚障《しかくしょう》がいなど、公平性《こうへいせい》を保《たも》つために細かくクラス分けされ、同じ障《しょう》がいの程度《ていど》の人同士《どうし》で競える仕組みになっている。ただし、小さな大会では細かくクラス分けしていると参加人数が少なくて競技《きょうぎ》にならない。そのため、クラス分けせずにみんなで一斉《いっせい》に走ることもある。

「義足《ぎそく》の方二名と、腕《うで》に障《しょう》がいがある方が一名、それに自分。合計四人で100メートルを走ったんですよ。腕《うで》に障《しょう》がいがある方は、両足とも健足なので義足《ぎそく》より速いですよね。他の二人も、何年も前から『スタートラインTokyo』に参加されて走り慣《な》れている方だったので、自分だけがすごく遅《おそ》くて、パンクした車と新幹線《しんかんせん》みたいな競争でした。結局、33秒かかって四位に終わりました。でも、銅《どう》メダルです。三位以降《いこう》は、みんな銅《どう》メダルがもらえる大会だったんです」

みなみさんは、満足げな様子だった。

「応援《おうえん》がすごかったですね。家族やスタートラインの仲間もみんなで来てくれました。うれしかったですね」

その後も、みなみさんは走り続け、タイムは100メートルを26秒で走るまで上がったという。

「もっと速く走れるようになりたいですね」

みなみさんは、現在《げんざい》も月一で『スタートラインTｏｋｙｏ』の練習会に通い続けている。足を切断《せつだん》してからの、一番大きな目標だった〝走る〟という夢《ゆめ》をかなえたみなみさんに、義足《ぎそく》でのさらなる夢《ゆめ》はないかとたずねてみた。みなみさんは悩《なや》んだ末に、こう答えた。

「正直、『義足《ぎそく》で』っていう意味では、やりたいことはないんですよね。走りたい夢《ゆめ》もかなっちゃったんで、考えても、やっぱり『義足《ぎそく》で』の夢《ゆめ》は出てこないんですよ」

切断《せつだん》直後、みなみさんは多くの不安にかられていた。それが、今はできないことがないと語るほどに、切断《せつだん》前と同じ生活を取り戻《もど》している。みなみさんの笑顔には、もう不安の色は一切感じられなかった。

「義足《ぎそく》は慣《な》れてしまえば、本当になんでもできます。自分はさぼり気味でリハビリは真面目《まじめ》じゃなかったですけど、それでも今では、やりたいことがなんでもできるようになりました。今の仕事は、立った姿勢《しせい》でする仕事なんですが、それも余裕《よゆう》でできていますね。だから、最近、義足《ぎそく》になった人も、これからなるかもしれない人も、義足《ぎそく》だからって何もあきらめないでほしいです」

『義足《ぎそく》で』かなえる夢《ゆめ》は、もうない。

みなみさんのその言葉は、過去《かこ》の健足での生活と、今の義足《ぎそく》での生活に境《さかい》がないということの裏付《うらづ》けである。義足《ぎそく》は日々進化をとげ、健常者《けんじょうしゃ》と変わらない生活をしている人がたくさんいる。みなみさんの言葉は、障《しょう》がい者と健常者《けんじょうしゃ》の壁《かべ》が取り払《はら》われた社会を照らしているように感じられた。

（第1章・終わり）

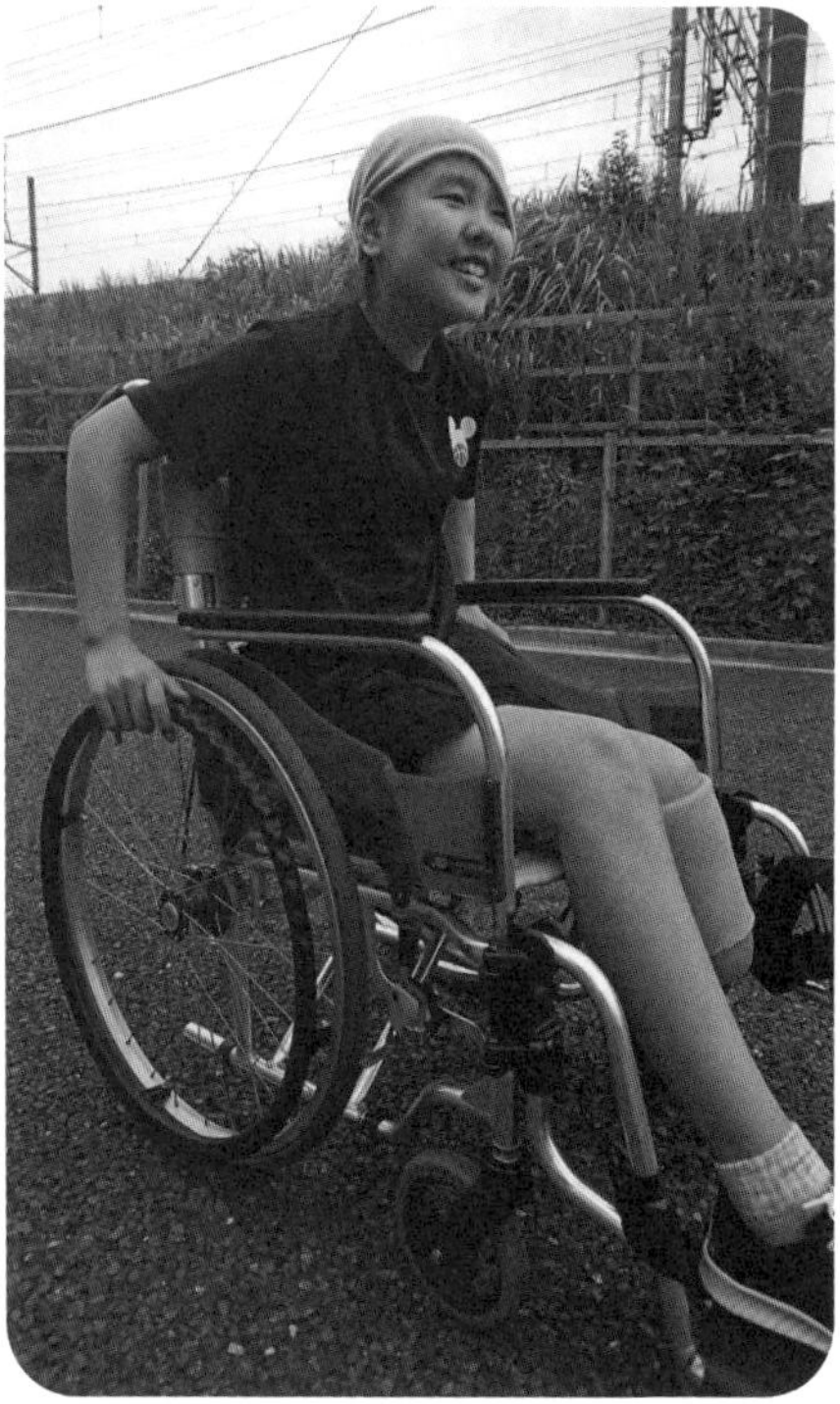

▲切断手術《せつだんしゅじゅつ》後、車いすに乗るみなみさん。

第2章

パラリンピアンを夢《ゆめ》見て

【福田《ふくだ》柚稀《ゆずき》くん】

先天性《せんてんせい》脛骨《けいこつ》欠損症《けっそんしょう》という一〇〇万人に一人の割合《わりあい》でしか発症《はっしょう》しないまれな病気のため、生後九か月で右足を膝上《ひざうえ》から切断《せつだん》した。幼《おさな》いころから大腿《だいたい》義足《ぎそく》を使って生活をしている。

サッカーが好きな少年

柚稀《ゆずき》くんは、物心がつく前から、補助輪《ほじょりん》つきの歩行器と*大腿義足《だいたいぎそく》を使っていた。

「僕《ぼく》が覚えている最初の記憶《きおく》は、歩行器を使って歩いたことです。1、2歳《さい》くらいだったかな。覚えているといっても、昔の写真を見て、おばあちゃんやお母さんに話を聞いたから、それで断片的《だんぺんてき》に記憶《きおく》がよみがえったんです」

幼《おさな》いころから動くのが大好きだった柚稀《ゆずき》くんが初めて触《ふ》れたスポーツは、サッカーだった。

「幼稚園《ようちえん》の年長からサッカーを始めました。初めは健常者《けんじょうしゃ》のチームに入ったんです。でも、なかなかチームになじめなかったです。当時は、速く走れなかったですし、ボールを強くけれなかったですし、試合でゴールを決めることもできませんでした。だから、練習中は周りから、あいつへただよな……という冷たい態度《たいど》をとられることもありました。そんな空気が嫌《いや》で、小学校一年生のときにチームを辞めてしまったんです」

*大腿義足――3ページ参照。

そのチームには、サッカーがうまくなりたいという熱心な子どもも多かった。それゆえに、義足《ぎそく》で、うまくサッカーができない柚稀《ゆずき》くんは、チームに溶《と》け込《こ》むことができなかったのだ。

けれど、チームを辞めても、サッカーが嫌《きら》いになったわけではなかった。柚稀《ゆずき》くんは、家の近くの公園で、おじいちゃんとボールをけり続けていた。そんな柚稀《ゆずき》くんを見たお母さんは、柚稀《ゆずき》くんをあるところへ誘《さそ》った。

「小学校二年生ぐらいのとき、母親に連れられてアンプティサッカーの体験会に行ったんです」

アンプティとは切断者《せつだんしゃ》を意味する。

つまり、アンプティサッカーとは、足や腕《うで》を切断《せつだん》した人が集まって楽しむ障《しょう》がい者スポーツだ。1980年代にアメリカで考案され、アメリカ軍で負傷《ふしょう》した兵のリハビリの一環《いっかん》として採用《さいよう》されたことで一気に広まった。

コートは通常《つうじょう》のサッカーの半分の広さ。プレー人数は七人。足を切断《せつだん》したプレーヤー

▲激《はげ》しいプレーが繰《く》り広げられるアンプティサッカー。

は、クラッチと呼《よ》ばれる杖《つえ》を使って体を支《ささ》えながら、片足《かたあし》でボールをける。腕《うで》を切断《せつだん》したプレーヤーはゴールキーパーをする。

杖《つえ》で足を振《ふ》り子のように動かし放たれるボールはスピーディーで、杖《つえ》を使って足を大きく上げるダイナミックなプレーもある。大腿義足《だいたいぎそく》の人も*下腿義足《かたいぎそく》の人もいっしょにプレーできる魅力《みりょく》があり、障《しょう》がい者スポーツの中でも人気は高い。

「初めて体験会に行ったときは、自分と同じ足がない人たちがプレーする姿《すがた》に驚《おどろ》きました。それまでは、義足《ぎそく》の人に出会ったこともなかったし、もちろん、義足《ぎそく》でスポー

*下腿義足――2ページ参照。

ツをする人に出会ったこともなかったんです。だから衝撃的《しょうげきてき》でした。義足《ぎそく》でもなんでもできるんだと思えましたね」

柚稀《ゆずき》くんは、その日、初めて障《しょう》がい者スポーツを知った。障《しょう》がい者スポーツのスピードや迫力《はくりょく》に驚《おどろ》き、一気に興味《きょうみ》をひかれた。

ただ、柚稀《ゆずき》くんはすぐにアンプティサッカーを始めたわけではなかった。健常者《けんじょうしゃ》のサッカーチームになじめなかったことを思い出し、再《ふたた》びサッカーを始めることに不安があったからだ。

そんな不安を解消《かいしょう》してくれたのは、体験会で知り合った金井隆義《かないたかよし》さんだった。金井さんは骨肉腫《こつにくしゅ》（骨《ほね》のがん）の治療《ちりょう》のために、柚稀《ゆずき》くんと同じく右足を膝上《ひざうえ》から切断《せつだん》し、義足《ぎそく》で生活をしている。

体験会から一か月後、金井さんから「いっしょにボールをけろうよ」と誘《さそ》ってもらったことで、ようやく、柚稀《ゆずき》くんはアンプティサッカーを始めることを決意した。

「金井さんとは体験会以来の付き合いで、今もずっと連絡《れんらく》を取り合っています。本当にお父さんみたいな存在《そんざい》です」

金井さんはアンプティサッカーの他に、陸上やスキーなどにも挑戦《ちょうせん》するスポーツマンであり、柚稀《ゆずき》くんにとって、義足《ぎそく》でもアクティブに活動するあこがれの存在《そんざい》である。柚《ゆず》稀《き》くんは金井さんから多くのことを学んだ。

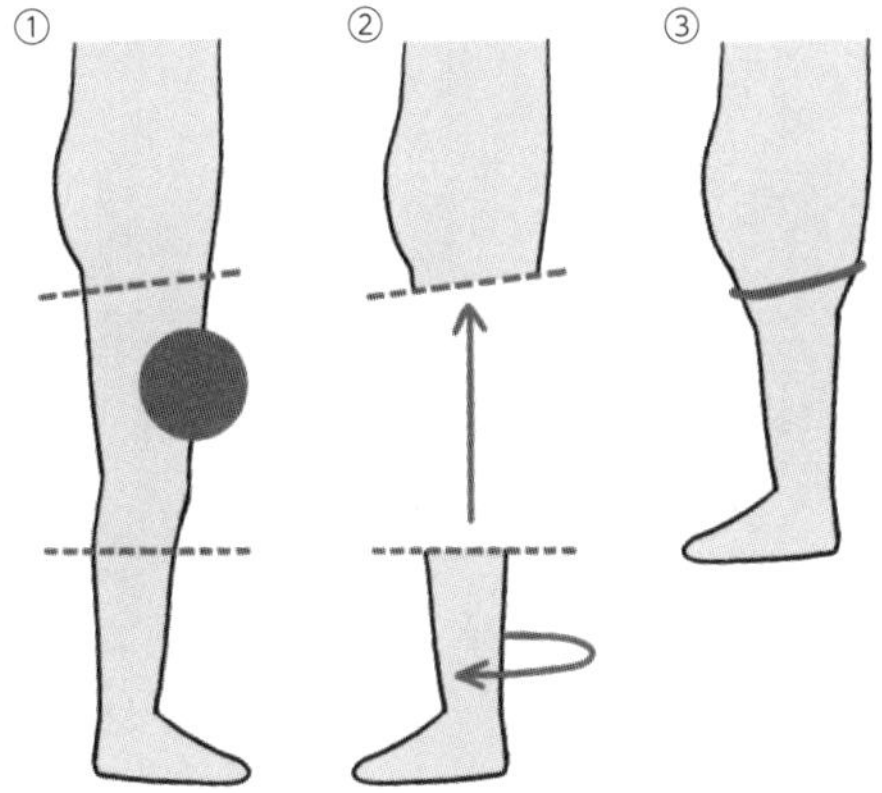

▲ローテーションプラスティ（回転形成術《じゅつ》）。

金井さんと柚稀《ゆずき》くんとは義足《ぎそく》の種類が違《ちが》う。

金井さんが使用しているのはローテーションプラスティ用の義足《ぎそく》だ。

膝上《ひざうえ》で足を切断《せつだん》すると、当然、膝《ひざ》の関節は残らない（上図①）。しかし、関節がないと動きは大きく制約《せいやく》される。そこで、がんのない足首の関節を、膝《ひざ》の部分に前後反転させつける（上図②③）ことがある。これがローテーションプラスティ（回転形成術《じゅつ》）だ。

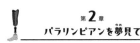

足首の関節が膝《ひざ》の役割《やくわり》をするので、ふだんの生活やスポーツなども、大腿義足《だいたいぎそく》に比《くら》べて、慣《な》れればずいぶんとスムーズに行うことができる。

しかし、膝《ひざ》の位置に前後が反転した足首がついているという一見、違和感《いわかん》のある見た目になることはさけられない。だから、その姿《すがた》を見せたくないという人もいるのだが、金井さんは違《ちが》った。

「最初に、義足《ぎそく》は悪いものではないし、見せてかっこいいものなんだよ、と言ってくれたのは金井さんでした。それまで、そんなことを言ってくれた人はいなかったので、すごく驚《おどろ》きましたね」

金井さんに教えられたことでもう一つ、柚稀《ゆずき》くんの運命を大きく変えるものがあった。

「金井さんに『他に何かやりたいスポーツはある？』と聞かれたんです。それに僕《ぼく》は、『走りたい』って答えたんですよ。僕《ぼく》の小学校では一年生からマラソン大会がありましたが、周りは全員健常者《けんじょうしゃ》なのでみんな僕《ぼく》よりも速くて、ずっとビリでした。だから負けたくなくて。そのときはとにかく、もっと速く走りたいって気持ちが強かったんです。それを伝えると、金井さんは、陸上という競技《きょうぎ》があることや、義足《ぎそく》の人が参加している陸上チーム『スタートラインＴｏｋｙｏ』があることを教えてくれました。そこから、人生が変わりました」

柚稀《ゆずき》くんは、金井さんに紹介《しょうかい》され、義足《ぎそく》ユーザーの陸上チーム『スタートラインＴｏｋｙｏ』に通うことになった。

ここから、柚稀《ゆずき》くんの夢《ゆめ》への道が始まる。

あこがれのパラリンピアン

中学生になった柚稀《ゆずき》くんは、本格的《ほんかくてき》に陸上選手への道を歩み始めた。サッカーも変わらず大好きな柚稀《ゆずき》くんだが、スタートラインＴｏｋｙｏに通い、一気に陸上のとりこになったのだ。

「スタートラインＴｏｋｙｏに通い始めたのは、小三のときでした。初めは、遊び感覚で楽しく走っていたんです。小四のときに、24時間テレビの企画《きかく》で初めてスポーツ用義《ぎ》足《そく》をはきましたが、そのときもまだ、遊びの延長《えんちょう》でしたね。本格的《ほんかくてき》に陸上を始めようと思ったのはパラリンピック*の存在《そんざい》を知ったときです」

陸上に本腰《ほんごし》を入れた陰《かげ》には、あるパラリンピアンの存在《そんざい》があった。

「アンプティサッカーのチームに、古城暁博《こじょうあきひろ》さんという方がいらっしゃいます。古城《こじょう》さんは、アンプティサッカーでワールドカップに出場していますし、2000年のシドニーパラリンピックには、100メートル、200メートルの日本代表として出場されました。古城《こじょう》さんのおかげでパラリンピックを知り、パラリンピアンになりたいと思ったんです」

世界で活躍《かつやく》するパラリンピアンの存在《そんざい》は、柚稀《ゆずき》くんの心を大きく動かした。

「僕《ぼく》といっしょの右足の大腿切断《だいたいせつだん》なのに、古城《こじょう》さんは世界で活躍《かつやく》している。それがとてもかっこ良く見えたんですよ。すごく影響《えいきょう》されました。今でもあこがれていますし、尊《そん》敬《けい》しています。僕《ぼく》も古城《こじょう》さんのように、世界で活躍《かつやく》できる陸上選手になりたいって思ったんです」

古城《こじょう》さんみたいになりたい。

強く思った柚稀《ゆずき》くんは、中学に通い始めたと同時に陸上部に入る。

陸上部への入部

陸上部に入ったものの、柚稀《ゆずき》くんは、健常者《けんじょうしゃ》に混《ま》ざっての部活動に苦労した。初めは周りの部員たちに、ついていくことすらできなかったという。

「ウォーミングアップからたいへんでした。ストレッチの中でも、関節の可動域《かどういき》を広げるような動きのあるストレッチは無理でした。先生が手本を見せてくれるので、それと同じ動きをしようとするんですけど、どうしても、義足《ぎそく》だと同じ動きができませんでした。自分だけができなくて、なんでだっていう気持ちが強かったです。

他にも、ドリルといって反復《はんぷく》運動をするウォーミングアップがあるのですが、その中

＊パラリンピック――障《しょう》がいのあるアスリートが出場できる国際競技《こくさいきょうぎ》大会。出場するアスリートは、パラリンピアンと呼《よ》ばれる。

にスキップのような動きがあるんです。でも義足《ぎそく》だと、板バネがうまくたわまないために反発がもらえず、なかなか足が上がらなかったです。

僕《ぼく》は陸上部に入るまでは本格的《ほんかくてき》なトレーニングをしていなかったので、右足の筋力《きんりょく》がなかったんですよ。なので、太ももを上げる動作が全くできませんでした。体作りができていなかったんです。右足以外の筋肉《きんにく》や、腕《うで》の動きの反動とかで補《おぎな》うこともできませんでした」

柚稀《ゆずき》くんがスポーツ用の義足《ぎそく》を本格的《ほんかくてき》に使い始めたのは、中学の陸上部からだ。そのため習熟《しゅうじゅく》が足りなかったこと、筋力《きんりょく》が足りなかったことが、練習についていけない原因《げんいん》だったと自ら分析《ぶんせき》した。

さらに柚稀《ゆずき》くんは、準備《じゅんび》運動だけでなく、実際に走る練習でも苦労する。

「そもそも僕《ぼく》の陸上部には、全国に行きたいっていう意識《いしき》の高い部員も多くて、かなりレベルが高かったんですよ。平日も部活で、土日も記録会という感じの日々でした。部活を辞めたいなって思うことも多かったです。

練習でも、みんなすごい距離《きょり》を平気で走るんですよ。200メートル十本ぐらいは普《ふ》通《つう》に走っていましたね。バケモノかと思いました。

ピラミッド走もきつかったです。100メートル、200メートル、300メートルという風にだんだん距離《きょり》を長くして、そこからまた200メートル、100メートルと短くしていく練習です。僕《ぼく》には無理でしたね。

ただ、顧問《こもん》の先生はすごく良くめんどうを見てくれたんです。先生は、これまで義足《ぎそく》に触《ふ》れる機会もなく、見るのも初めてだったそうです。ですが、僕《ぼく》が陸上部に入ったことをきっかけに、義足《ぎそく》のことを調べ、練習メニューをわざわざ作ってくれました。先生がこれまで経験《けいけん》してきたことをふまえながら、義足《ぎそく》に適《てき》したメニューを提案《ていあん》してくれたんです。

例えば、義足《ぎそく》ってカーブで踏《ふ》ん張《ば》る力が弱いんですよ。健足だと、指をしならせながら曲がる方向へ踏《ふ》み込《こ》むんですが、義足《ぎそく》は指がなく一枚《まい》の板ですので、滑《すべ》りやすくて力がしっかり入りません。その弱点を克服《こくふく》するために、先生は、カーブから直線に入る練習メニューを作ってくれました。

筋《きん》トレメニューも提案《ていあん》してくれましたね。もともと、切断《せつだん》している右足の筋肉《きんにく》が弱かったんですけど、右足ばかり筋《きん》トレをしていたら、逆《ぎゃく》に健足側の筋肉《きんにく》が落ちたんです。それを補《おぎな》うトレーニングを考えてくれました。僕《ぼく》の特性《とくせい》と義足《ぎそく》の特性《とくせい》を掛《か》け合わせたメニューを作ってくれたんです。

部活を始める前は、あこがれの選手が世界で活躍《かつやく》している姿《すがた》を見て、義足《ぎそく》でも、なんでもできるんだって思えたんです。そう思って陸上を始めたんです。でも、実際《じっさい》に挑戦《ちょうせん》してみると、あこがれの選手たちは、こんなにでかい壁《かべ》を乗り越《こ》えてきたんだなっていうのが、すごくわかりましたね」

壁《かべ》を乗り越《こ》えるまではいかなくとも、顧問《こもん》の先生のおかげもあって、少しずつ壁《かべ》を登り始めた柚稀《ゆずき》くん。二年生になるころには、だんだんスポーツ用義足《ぎそく》にも慣《な》れ、筋力《きんりょく》もついてきた。

「中一の終わりからは、練習にもついていけるようになりました。そしたらタイムも自然

▲柚稀《ゆずき》くん（右から２番目）と陸上部の仲間たち。

に伸《の》びましたね。みんなといっしょのメニューもこなせるようになりました」

柚稀《ゆずき》くんは、体力面だけでなくメンタル（精神《せいしん》）面でも成長する。

「練習についていけるといっても、やっぱり義足《ぎそく》なので、みんなよりも遅《おそ》いんですよ。練習メニューを聞いただけで、義足《ぎそく》でもできるのかなって不安になって、すごくマイナス思考になることもありました。自分だけができない恥《は》ずかしさも大きくて、できないからやめよう。あきらめようと思うことも多かったんです。

でも先生は、できないからといって、あきらめるのは良くないって注意してくれました。先生がそう言ってくれたからこそ、自分の弱さにも気付けた。できないからやらないんじゃダメだ。そう思いました。それからは、いろんなランナーを見て動きを研究したり、スタートラインTｏｋｙｏでも義足《ぎそく》での走り方についてみんなに聞いてまわったりしましたね。こわがらずになんでも挑戦《ちょうせん》するようになりました」

こうして柚稀《ゆずき》くんのメンタル面が成長した裏《うら》には、顧問《こもん》の先生の他に、もう一人大きな存在《そんざい》があった。

義足《ぎそく》は君の財産《ざいさん》だよ

パラリンピアンの古城《こじょう》さんの存在《そんざい》も、柚稀《ゆずき》くんにとっては大きかった。

「古城《こじょう》さんからもいろいろ話を聞きましたね。顧問《こもん》の先生と同じようにメンタル面の指《し》摘《てき》をされました。せっかく良い環境《かんきょう》を与《あた》えてもらっているんだから、やらなければ意味がない。できなくてもいいから、まずはやる努力をしなさいと。本当に世界に行きたいなら、できなくても少しでも近い練習をすること、みんなより遅《おく》れても、最後まで走りきることが重要だと教えられました」

世界へ行くためにはどうすればいいのか。

柚稀《ゆずき》くんは、古城《こじょう》さんから教わった。

「古城《こじょう》さんは世界に出た方ですから。世界で戦った経験《けいけん》談を聞かせてもらったり、世界に出るにはどういう練習が必要なのか、どういう気持ちで臨《のぞ》めばいいのか、トップに立つためにはどうすればいいのかという話をしてくれました」

古城《こじょう》さんの話を聞き、柚稀《ゆずき》くんの心に、大きな変化があった。それまでのパラリンピックに出たいという漠然《ばくぜん》とした夢《ゆめ》ではなく、どうすればパラリンピックに出られるのかを、具体的に考え始めたのだ。

「最初はずっと、がんばろうって気持ちだけで部活をしていたんです。でも、古城《こじょう》さんの話を聞いてからは、一つ一つ、目標を設定《せってい》するようになりました。夢《ゆめ》の前に目標があ

＊漠然と——ぼんやりとして、はっきりしない。

るんです。

大会に出ても、ビリじゃなくなることを目標にしたり、出したいタイムを目標にしたりする。今の自分にできることを一個一個《いっこいっこ》クリアしていく。その積み重ねが、世界につながるし、パラリンピックにもつながると感じたんです」

また、義足《ぎそく》に対する意識《いしき》が大きく変わったのも、このころだった。

「以前、義足《ぎそく》を見た子どもにこわいって言われたことがあったんですよ。そう言われたときは、やっぱりつらかったです。

その話を古城《こじょう》さんにしたら、古城《こじょう》さんは『そんなこと気にしなくていい。義足《ぎそく》は武器《ぶき》だ』って言ってくれたんです。武器《ぶき》といっても、人をけったりするための『武器《ぶき》』じゃないですよ。義足《ぎそく》は、自分を人に理解《りかい》してもらうための『武器《ぶき》』になるんです。義足《ぎそく》があれば、名前をすぐに覚えてもらえなくても『あっ、義足《ぎそく》のあの人だ！』と覚えてもらえますよね。義足《ぎそく》は『名刺《めいし》』*みたいなものだとも言われました。

最近は、パラリンピックがメディアに取り上げられることも増《ふ》えてきて、パラ陸上への関心も高まっていますよね。そういう時代の流れもあって、義足《ぎそく》の人気が上がり、僕《ぼく》自身もみんなに興味《きょうみ》を持ってもらえるようになりました。それも、義足《ぎそく》が武器《ぶき》だからこそですよね。

古城《こじょう》さんと初めて会ったアンプティサッカーの体験会から、これと似《に》たような話はずっと言われていたんです。でも小六ぐらいまでは、意味をあまりわかっていませんでした。中学で陸上を始めて、ようやく理解《りかい》できるようになりましたね」

柚稀《ゆずき》くんは、さらに義足《ぎそく》を「武器《ぶき》」にすることを実践《じっせん》した。目立たないように肌色《はだいろ》だった義足《ぎそく》を、黒色に、目立つものに変えた。みんなに自分を覚えてもらおう、理解《りかい》してもらおうと思ったのだ。

「『義足《ぎそく》はこわいものでもないし、恥《は》ずかしいものでもないんだよ。君を理解《りかい》してもらう武器《ぶき》になるんだよ。義足《ぎそく》は君の財産《ざいさん》だよ』って言われたのがすごく印象的《いんしょうてき》でした。そんな話をしてくれる古城《こじょう》さんにますますあこがれを抱《いだ》いて、古城《こじょう》さんみたいになりたいと強く思いました」

＊名刺——氏名や連らく先などを記したカード。ビジネスで自己紹介《じこしょうかい》として交かんする。

健常者《けんじょうしゃ》と競う

中学二年生になり、柚稀《ゆずき》くんはさらに陸上に打ち込《こ》む。大会や記録会にも積極的に参加するようになった。

「僕《ぼく》の場合、障《しょう》がい者の大会では、片足大腿義足《かたあしだいたいぎそく》のT63クラスで出場しています。ただ、中学生が出られる障《しょう》がい者の大会は少ないので、健常者《けんじょうしゃ》の大会に多く出るようになりました。一気に健常者《けんじょうしゃ》と走る機会が増《ふ》えましたね。

健常者《けんじょうしゃ》の大会では、遅《おそ》い人から順に、タイムの近い人同士《どうし》で走ることがほとんどですが、タイムが近いとはいえ、健常者《けんじょうしゃ》の陸上部員たちの中に僕《ぼく》が入ると、なかなか勝てません。やっぱりビリになってしまいます。でも、六人中の五位、四位と、少しずつ成績《せいせき》が上がったんです」

最近の陸上界では、健常者《けんじょうしゃ》、障《しょう》がい者の区別がなく参加できる大会も増《ふ》えた。おかげで、健常者《けんじょうしゃ》と障《しょう》がい者の交流も増《ふ》え、互《たが》いに学び合うことができ、健常者《けんじょうしゃ》が障《しょう》がい者スポーツに興味《きょうみ》を持つきっかけにもなっているという。

大会で、困《こま》ったことはないかも聞いてみた。

「障《しょう》がい者の大会には、義肢装具士《ぎしそうぐし》さんが公式でいてくれる場合が多いんです。だから、義足《ぎそく》で何かトラブルがあっても、すぐに対処《たいしょ》してもらえますね。

でも、パーツが折れたとか、応急処《おうきゅうしょ》置《ち》すらできないような故障《こしょう》になると、大会に出場できなくなることもあります。僕《ぼく》は折れたことはないですが、トップ選手と違《ちが》ってスペアのスポーツ用義《ぎ》

▲柚稀《ゆずき》くんのランニングフォーム。

足《そく》までは持っていないので、折れたら困《こま》りますね。

スポーツ用の義足《ぎそく》で壊《こわ》れやすいのは、板バネの部分です。カーボンなのですぐにパキッと折れはしませんが、ずっと使っていると、だんだんカーボンの繊維《せんい》の部分にヒビが入ってくるんです。ヒビが入ったまま走っていると、そこから折れることがありますね。そういった話はよく聞きます」

義足《ぎそく》ユーザーの苦労

陸上部での苦労はあったものの、柚稀《ゆずき》くんの学校生活は充実《じゅうじつ》したものだった。

「小学校も、中学校も、地元の幼稚園《ようちえん》からいっしょの子が多かったので、みんな、僕《ぼく》が義足《ぎそく》だっていうのを理解《りかい》してくれていました。なので、あまり苦労はありませんでしたね。周りの冷たい視線《しせん》なども感じたことはなかったです」

クラスメイトは、柚稀《ゆずき》くんの障《しょう》がいに対してなんの抵抗《ていこう》もなかったそうだ。

「かくれんぼのときに義足《ぎそく》を外して、カーテンから義足《ぎそく》だけ出しておくんです。すると、みんな僕《ぼく》がそこに隠《かく》れているってだまされるんですよ（笑）。みんな義足《ぎそく》に慣《な》れていたので、普通《ふつう》に義足《ぎそく》を使って遊んでいました」

ただ、人間関係の苦労はなかったとはいえ、義足《ぎそく》であることで、気を付けなければいけない場面はあった。義足《ぎそく》はチタンなどの金属《きんぞく》でできている部分が多いため、水に弱い。

「義足《ぎそく》は、ぬれるとさびます。だから、みんなで海に遊びに行ったり、プールに行ったりするときは外していましたね。

学校には自転車で通っていましたが、雨が降《ふ》っている日に通学すると、足部に水がたまることもありました。そんなときはたまった水を捨てて、義足《ぎそく》を扇風機《せんぷうき》の前に置いてかわかしていましたね。まあ、海やプールと比《くら》べて雨水は塩分が入っていないので、多少ぬれても大丈夫《だいじょうぶ》だとは思うのですが。

あとは、義足《ぎそく》だからというより、切断《せつだん》していることに関係しているんですが、足が短い分、熱中症《ねっちゅうしょう》になりやすいんですよ。足が長いと、血液《けつえき》が足の下まで＊循環《じゅんかん》するので熱が

＊循環——血液《けつえき》が体内をめぐること。

分散されるのですが、足が短いと、断端《だんたん》部分に熱がたまりやすいんです。熱がたまって、体も熱くなって、熱中症《ねっちゅうしょう》になりやすい。特に夏場は、汗《あせ》をかいて蒸《む》れて余計《よけい》に熱くなるので、そのときは、義足《ぎそく》ごと外して熱を逃《にが》しています」

足を切断《せつだん》している人にとって、熱中症対策《ねっちゅうしょうたいさく》は欠かせない。血液《けつえき》の循環《じゅんかん》以外にも、体の表面積が減《へ》って熱の発散が不十分になることや、断端《だんたん》にシリコーンライナーをかぶせることが要因《よういん》となって、熱中症《ねっちゅうしょう》を起こしやすいのだ。

シリコーンライナーとは、切断《せつだん》した足にはく靴下《くつした》のようなものだと考えると、イメージしやすいだろう。ソケットの内側にはき、断端《だんたん》とソケットとの*緩衝材《かんしょうざい》にすることで、断端《だんたん》の皮ふを保護《ほご》する。必要不可欠《ひつようふかけつ》なものだが、体に密着《みっちゃく》していることもあり、熱くなりやすい。また、汗《あせ》がたまりやすいため、義足《ぎそく》ユーザーは毎日、外して洗《あら》うケアを行っている。

「逆《ぎゃく》に、冬は足が冷えることも悩《なや》みです。熱中症《ねっちゅうしょう》と同じく、足が短い分、血液《けつえき》の循環《じゅんかん》が悪いことが冷えの大きな原因《げんいん》です。ソケットやシリコーンライナーが冷えやすいことも関係しています。氷みたいに足が冷たくなって、動きがにぶくなることもあります。足の冷えからの体調不良も起こりやすいです」

そして、冬にはもう一つ大きな困《こま》りごとがあるという。

「雪道は滑《すべ》りますね。やっぱり、義足《ぎそく》だと踏《ふ》ん張《ば》りがきかないです。健足と違《ちが》って、義《ぎ》足《そく》は指の力が入りません。太ももの筋肉《きんにく》しか使えないので、どうしても滑《すべ》りやすくなります」

雪道や凍結《とうけつ》した路面も、手すりなどがあればつかんで対処《たいしょ》できるが、ない場合は慎重《しんちょう》に歩くしか対処《たいしょ》方法はないという。

また、一日の中でも足の状態《じょうたい》は変わるため、そのときどきで対処《たいしょ》をする必要がある。

特に、断端《だんたん》は一日の中でも大きく変化するそうだ。

「足のむくみは気になりますね。足がむくむと、だんだん義足《ぎそく》がきつくなって、骨《ほね》が痛《いた》くなります。そのため、むくんだときは義足《ぎそく》を外して足を休ませます。学校でも、よく義《ぎ》足《そく》を脱《ぬ》いでいましたね。

＊緩衝材——物がぶつかり合う際《さい》の衝撃《しょうげき》をやわらげるための材料。

断端《だんたん》って、一日中、シリコーンライナーや義足《ぎそく》など何もつけない状態《じょうたい》でいると、太くなるんですよ。たとえていえば、おもちゃで、スライムってあるじゃないですか？　どろどろした粘土《ねんど》のようなものです。スライムは容器《ようき》に入れれば、その形状《けいじょう》は保《たも》たれますよね。でも、容器《ようき》から取り出すと広がっちゃいますよね。断端《だんたん》もそんな感じです。シリコーンライナーやソケットなどの容器《ようき》に入れない状態《じょうたい》だと筋肉《きんにく》が開いて太くなるんですよ。一日で、断端《だんたん》の大きさは変わります。だからケガをして義足《ぎそく》をはけない日が何日もあると、どんどん太くなります。

だから僕《ぼく》は、義足《ぎそく》をはけるときは、毎日はくようにしていますね。でも一日中、義足《ぎそく》をはきっぱなしにして足を締《し》め付けていると、筋肉《きんにく》が締《し》まってどんどん足が細くなってしまう。そのときは、いったん脱《ぬ》いで対処《たいしょ》しています」

義足《ぎそく》ユーザーには、想像《そうぞう》以上に微妙《びみょう》な調整が必要だ。さらに、一くくりに義足《ぎそく》ユーザーといっても、それぞれの体質《たいしつ》で足の状態《じょうたい》は異《こと》なるので、悩《なや》みも異《こと》なる。自分の体に合ったさまざまな対処《たいしょ》をしていかなくてはならない。柚稀《ゆずき》くんの断端《だんたん》は、ご飯を食べると太くなる、塩分をとると太くなるなどの特徴《とくちょう》があるという。

大腿義足《だいたいぎそく》の膝折《ひざお》れ

柚稀《ゆずき》くんのような大腿義足《だいたいぎそく》ならではの悩《なや》み。

それは膝《ひざ》折《お》れだ。

膝《ひざ》折《お》れとは、義足《ぎそく》の膝関節《ひざかんせつ》の部分が意図せずに曲がってしまい、カクッと膝《ひざ》が折れたようになることをいう。大腿義足《だいたいぎそく》の膝関節《ひざかんせつ》部分は*膝継手《ひざつぎて》と呼《よ》ばれており、膝《ひざ》折《お》れは、膝《ひざ》継手《つぎて》が曲がったまま体重をかけたりしたときなどに起こる現象《げんしょう》だ。歩いていて突然《とつぜん》、膝《ひざ》が折れるので、手すりなどのつかまるものがない場合は転倒《てんとう》してしまう。

「膝《ひざ》折《お》れして転ぶことも多いです。義足《ぎそく》の方の足から急に力が抜《ぬ》けて、膝《ひざ》からカクンと落ちるように転倒《てんとう》します。僕《ぼく》の場合は、疲《つか》れているときに起きやすいです」

*膝継手——3ページ参照。

最新の膝《ひざ》折《お》れしにくい高価《こうか》な義足《ぎそく》もあるが、今のところ多くの大腿義足《だいたいぎそく》ユーザーにとっては、膝《ひざ》折《お》れしないように、体重のかけ方を注意して歩くしか対処法《たいしょほう》はない。大腿義足《だいたいぎそく》は、膝関節《ひざかんせつ》がないことや筋力《きんりょく》が足りないことで、スムーズに歩くのが難《むずか》しいのだ。歩くのも遅《おそ》くなる。

「下腿義足《かたいぎそく》は、自分の膝関節《ひざかんせつ》が使えるのでスムーズに歩けるんです。同じ義足《ぎそく》でも大きく違《ちが》います。自分は、訓練で生活用義足《ぎそく》でも走れるぐらいになっていますが、走れない人の話も多く聞くので、難《むずか》しいのかなと思いますね」

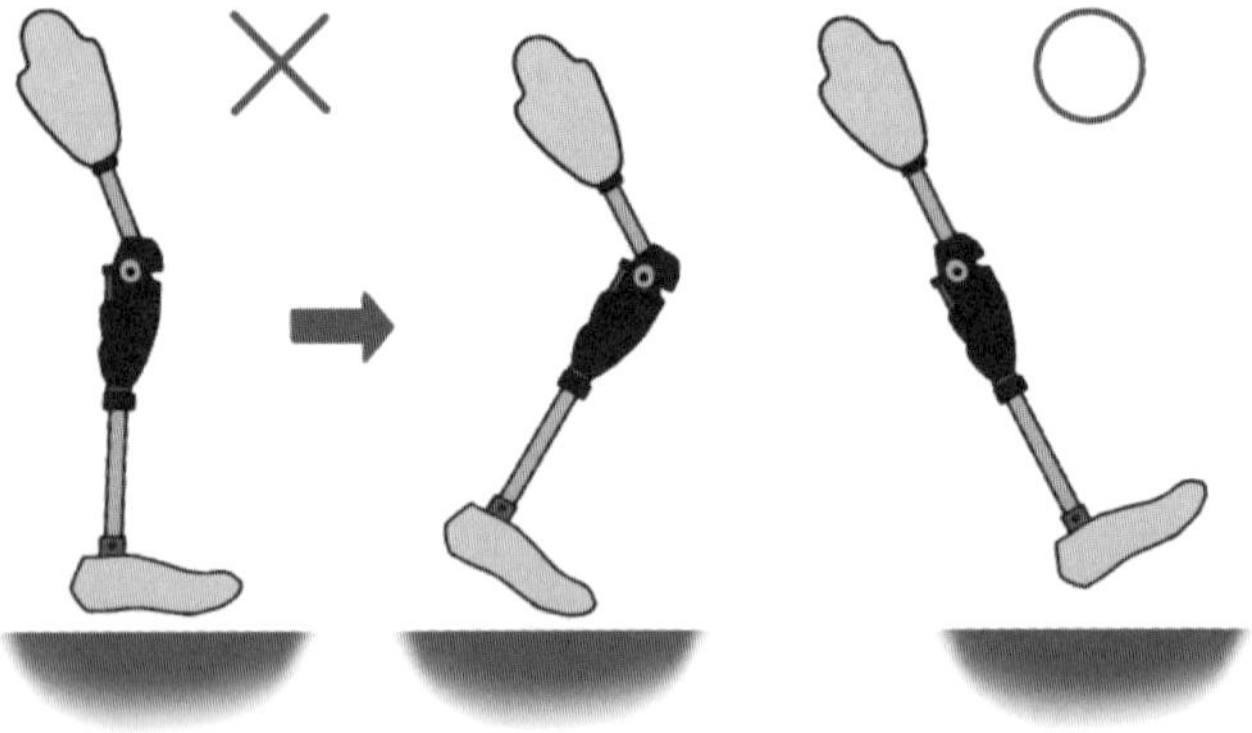

▲上図の×のように、膝《ひざ》が完全に伸《の》びていない状態《じょうたい》で接地《せっち》してしまうと、膝《ひざ》折《お》れにつながってしまう。

大腿義足《だいたいぎそく》では、階段《かいだん》もスムーズに上れず、遅《おく》れてしまいがちだ。

読者のみなさんは、階段《かいだん》を上るときを思い浮《う》かべてほしい。上の段《だん》には、曲がった状態《じょうたい》で足がついて、よいしょと体を持ち上げているはずだ。

大腿義足《だいたいぎそく》では、この「曲がった状態《じょうたい》で足がついて」、足に力を入れることができない。もし力を入れると膝折《ひざお》れしてしまう。

だから大腿義足《だいたいぎそく》ユーザーは、常《つね》に健足を上の段《だん》につき（下図①③）、義足《ぎそく》を同じ段《だん》にそろえる（下図②）動作の繰《く》り返しで一《いち》段《だん》ずつ上る。

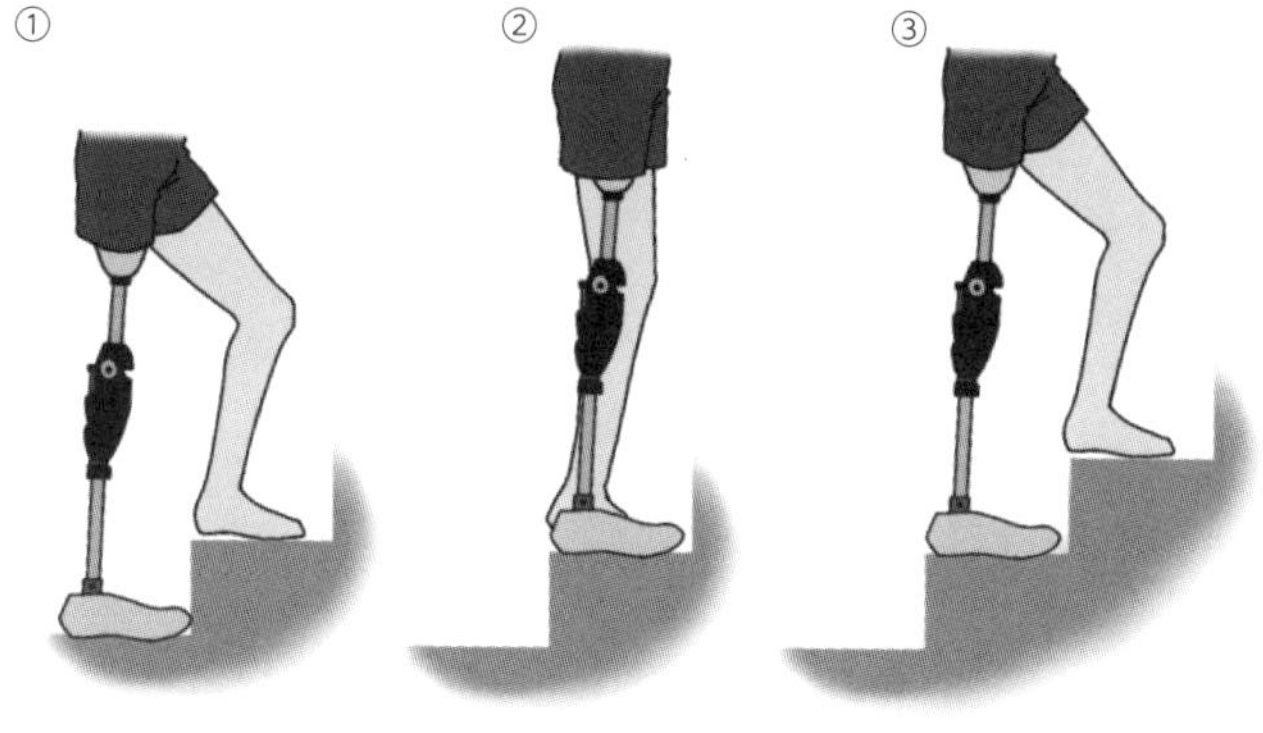

▲大腿義足《だいたいぎそく》ユーザーの階段《かいだん》の上り方。上図①②の動作を繰り返す。
③は①と同じ動作。

ちなみに柚稀《ゆずき》くんの場合は、この動作を、大股《おおまた》で一度に二段《にだん》、三段《さんだん》飛ばしでしている。これは、周りのみんなについていくための、柚稀《ゆずき》くんなりの工夫だ。

ただ、柚稀《ゆずき》くんのように若《わか》くて体力がある人ならば、こうした二段《にだん》飛ばしなどでカバーできることもあるが、なかなかそうはいかない。やはり、大腿義足《だいたいぎそく》の人は、階段《かいだん》で遅《おく》れがちなのだ。最近は、テクノロジーが進んで、階段《かいだん》も一段《いちだん》ずつ足をそろえることなく、交互《こうご》に上り下りできる大腿義足《だいたいぎそく》も開発されているが、こうした高性能《こうせいのう》な義足《ぎそく》は高価《こうか》なため、広くは行きわたっていない現実《げんじつ》がある。

パラリンピックの舞台《ぶたい》へ

東京パラリンピック2020が開催《かいさい》された。

高校一年生の柚稀《ゆずき》くんは、開会式のパフォーマーに応募《おうぼ》した。約五五〇〇人の応募《おうぼ》者の中から書類選考、オンライン面接《めんせつ》を経《へ》て、パフォーマーの一人に選ばれた。

「参加者の多くはダンサーの方で、その中に、障《しょう》がい者の方が何人か混《ま》ざっていた感じでした。僕《ぼく》はダンスもしたことがなかったし、陸上という個人《こじん》種目ばかりやってきて、集団《しゅうだん》で何かをすることがなかったので、すごく苦労しました。どのタイミングで走ればいいのか、どのタイミングで手を上げればいいのか、理解《りかい》するのも合わせるのも難《むずか》しかったです」

三か月の短期間、それも学校と両立するため土日限定《げんてい》の練習のみでパフォーマンスを仕上げるのは、苦労の連続だったようだ。

開会式当日を迎《むか》えた。

髪《かみ》を金色に染《そ》め、金色の義足《ぎそく》をはいて、柚稀《ゆずき》くんは開会式の会場中を駆《か》けめぐった。

「緊張《きんちょう》しましたね。選手として出場したわけじゃないけれど、自分が目指しているパラリンピックの雰囲気《ふんいき》を味わえて、うわぁっ世界ってこんな感じなんだって思いました。*鳥肌《とりはだ》が立ちました。自分も将来《しょうらい》、選手としてパラリンピックの舞台《ぶたい》に立ったら、こんな風になるのかって。リアリティを持って想像《そうぞう》できました」

*鳥肌——寒さやこわさ、驚《おどろ》きで、皮ふに鳥のように小さなぶつぶつが出ること。

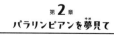

世界で活躍《かつやく》する選手の空気に触《ふ》れたことは、柚稀《ゆずき》くんの人生を揺《ゆ》るがす大きな出来事だった。柚稀《ゆずき》くんの視線《しせん》の先には、もう、パラリンピックの大舞台《おおぶたい》で100メートルのレーンを走る自分の未来が見えている。

（第2章・終わり）

▲スタートライン Tokyo の練習会でのひとこま。

第3章

足がなくても変わらないよ

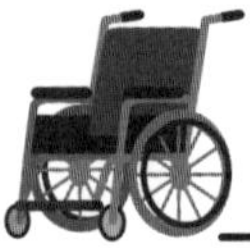

【saki《サキ》さん】

２０１９年11月、高校生だった16歳《さい》のｓａｋｉさんは、学校帰りに電車と接触《せっしょく》事故《じこ》を起こす。すぐに病院に運ばれ、外傷性《がいしょうせい》くも膜下《まくか》出血、両下肢《かし》の開放骨折《こっせつ》*と診断《しんだん》された。「右足は切断《せつだん》します。左足は残せるかもしれませんが、手術《しゅじゅつ》してみないとわかりません」と医師《いし》から告《つ》げられる。四時間にわたる手術《しゅじゅつ》の結果、両足ともに下腿切断《かたいせつだん》となった。

命が助かって良かった

右足は膝《ひざ》下15センチ、左足は膝《ひざ》下20センチまで。

それが、ｓａｋｉ《サキ》さんに残された足の長さだった。切断《せつだん》手術《しゅじゅつ》が終わり、両足を切断《せつだん》したｓａｋｉさんを、両親が待ち構《かま》えていた。

「手術《しゅじゅつ》の後、両親は事故《じこ》のことや、両足がなくなったことについては何も言いませんでした。ただ、『命があって良かった』という言葉だけを何度も泣きながら繰《く》り返していました」

事故《じこ》の原因《げんいん》は、*うつ病を患《わずら》っていたｓａｋｉさんが、衝動的《しょうどうてき》に電車に飛び込《こ》んだことだった。そのことに責任《せきにん》を感じていた両親は「ごめんね」という言葉を、ｓａｋｉさんにかけたという。

「両親の顔を見るまでは、ずっと死にたくて仕方なかったんです。でも、『傷《きず》つけちゃってごめんね、ごめんね』と泣きながら謝《あやま》る両親を見て、ハッとしたというか、生きてて

*開放骨折――折れた骨が皮ふをつき破《やぶ》って外に出てしまう骨折《こっせつ》。
*うつ病――日常《にちじょう》生活が送れないほど、気分が落ち込《こ》んだりする病気。

良かったと思えたんですよ。そのときは、私《わたし》もうまく伝えられなかったんですけど、とにかく振《ふ》りしぼって『ごめんね』と言いました」

気持ちを切り替《か》えられたｓａｋｉさんは、事故《じこ》から一週間経《た》ったころからリハビリを開始した。切断《せつだん》からわずか一週間で……と思うかもしれないが、筋肉《きんにく》は動かないとすぐに落ちてしまう。一度落ちた筋肉《きんにく》を、再《ふたた》び元に戻《もど》すのはたいへんなので、傷口《きずぐち》が完全にふさがる前でもリハビリを始めるのだ。それにより、通常《つうじょう》の生活にも早く戻《もど》れるようになる。

「まずは座《すわ》る練習ですね。初めは、座《すわ》ることすらできなかったんですよ。これまであった足の重さがなくなったことや下半身のまひがあったことで、体のバランスがとれず、何かにつかまっていないと転がっちゃう状態《じょうたい》でした。理学療法士《りょうほうし》さんに支《ささ》えてもらいながら座《すわ》り、重りを持った右腕《みぎうで》、左腕《ひだりうで》を交互《こうご》に上げて体のバランスをとるトレーニングや、あお向けに寝転《ねころ》がり、残された右足、左足を交互《こうご》に上げる足の筋力《きんりょく》トレーニングを行ったりしました。足はまひがあったので自分だけではうまく上げられませんでしたが、理学療法士《りょうほうし》さんが手伝ってくれました」

理学療法士《りょうほうし》は、ケガや病気で手足などが動かなくなってしまった人が、歩く、座《すわ》る、立つなどの基本《きほん》動作を回復《かいふく》するための手助けをしてくれる。いわば、リハビリのスペシャリストだ。英語名Physical Therapist《フィジカルセラピスト》を略《りゃく》してＰＴとも呼《よ》ばれる。ｓａｋｉさんも、理学療法士《りょうほうし》の助けを借りて、順調な滑《すべ》り出しでリハビリを開始した。

ところが、リハビリを始めて間もなく、左足が壊死《えし》してしまう。壊死《えし》とは、細胞《さいぼう》や組《そ》織《しき》が死んでしまい機能《きのう》＊しないことをいう。ｓａｋｉさんの左足は、事故《じこ》のときに取り除《のぞ》ききれなかった細菌《さいきん》が原因《げんいん》で、壊死《えし》が進んでしまった。

「どんどん左足が黒くなっていく状態《じょうたい》を見て、これはダメだと思いました。もともと、医師《いし》から再切断《さいせつだん》のリスクがあるという話も聞いていたので、迷《まよ》うことなくすぐに手術《しゅじゅつ》に踏《ふ》み切りました」

２０１９年11月21日、ｓａｋｉさんは左足の再切断手術《さいせつだんしゅじゅつ》を行った。残された左足の長さは、膝下《ひざ》15センチまでとなった。

＊機能——体などの中で、ある部分が十分に働くこと。

足がなくても変わらないよ

左足の再切断《さいせつだん》から、二か月半が経《た》った。

そのころsakiさんは、足がなくなった現実《げんじつ》を、受け入れきれていなかった部分があるという。

「今から思えば*偏見《へんけん》なんですが、きっと、みんな自分をこれまでと違《ちが》った目で見てくると思い込《こ》んでいました。『かわいそうな人ね』って目です。

私《わたし》は高校では看護《かんご》科に通っていたので、車いすの実習や、障《しょう》がいのある人とふれあう機会がもともと多くありました。障《しょう》がいのある人は、生活のいろいろな場面でたいへんです。私《わたし》も無意識《むいしき》に『かわいそうな人』と思っていたのかもしれません。だからこそ、自分がそう見られると思い込《こ》んだんですね。私《わたし》は、周りの目を気にしていたんです」

足が、それも両足がなくなってしまった事実は、そう簡単《かんたん》に受け入れられるものではない。

そんなｓａｋ・ｉさんを戸惑《とまど》いから救《すく》ってくれたのは、幼《おさな》い弟と妹だった。

初めｓａｋ・ｉさんは、両足を切断《せつだん》したことを弟と妹には伝えず、車いすの上にタオルケットをかぶせて足があるかのように装《よそお》っていた。

「いきなり足を切断《せつだん》したと言ったら、弟と妹は、ショックを受けるかもしれないと思ったんです。何回か面会をして慣《な》れてきたころに、リカちゃん人形の足を使って説明しました。小さい子でもわかりやすくショックがないようにしようとしたんです。リカちゃんの足を隠《かく》して『もし、このお人形さんに足なかったらどう思う？』という会話から始めて、段階《だんかい》をふんで『実はね……私《わたし》の足、なくなっちゃったんだ』と伝えました。二人は一瞬《いっしゅん》固まっちゃいました。『悲しい』と『かわいそう』みたいなことを口にしていましたね。ただ、大人よりも子どもの方が、受け入れるのが早いのかもしれません。しばらく会話をしているうちに『足を見たい』と言ってきたんですよ。タオルケットを外して足を見せました。包帯はしていたので、直《じか》に傷跡《きずあと》を見ることはなかったんですけど、それは驚《おどろ》いていましたね。

＊偏見――かたよったものの見方。

でも、すぐに二人が『足がなくてもｓａｋｉはｓａｋｉじゃん。変わらないよね』って言ったんです。弟か妹のどちらが言ったのかは、はっきり覚えていません。いずれにせよ、二人とも同じ思いだったようで、似《に》たようなことを言っていました。

私《わたし》は、その言葉にすごく救《すく》われたんです。

そのとき、障《しょう》がい者となっても、以前と変わらずに接《せっ》してくれる家族がいることを、改めて知ったんです。弟や妹だけじゃありません。同時に、事故《じこ》後も変わらず接《せっ》してくれていた両親や祖父母《そふぼ》の存在《そんざい》にも気付けたんですよ。その日、ようやく両足がない自分、下半身がまひしている自分を受け入れられたと思います」

弟や妹の言葉を聞くまでは、きっと自分は、社会から偏見《へんけん》の目で見られるのだろう、これからずっと社会と闘《たたか》っていくのだろうと思っていたｓａｋｉさん。

だが弟や妹の言葉で、偏見《へんけん》を持たない人たちが、もうそばにいることに気付いた。偏《へん》見《けん》を持っていたのは、自分自身だとわかった。そして、自分を受け入れてくれる社会があることを理解《りかい》した。

コロナ禍《か》での入院生活

入院生活にも慣《な》れた2020年4月、新型《しんがた》コロナウイルスの流行という大きな変化が社会をおそう。病院は、面会が一切できなくなった。家族とも離《はな》れ、sakiさんの不安な日々が始まる。

「コロナ禍《か》での病院は、いろいろな制限《せいげん》がありました。入院患者《かんじゃ》の中には、抗《こう》がん剤《ざい》治《ち》療《りょう》なんかで*免疫力《めんえきりょく》が下がっている人も多いですから、仕方ないですよね。でも、家族と会うことはできないし、荷物の受け渡《わた》しすら看護師《かんごし》さんを通してだったので、とてもつらかったです。

大部屋の病室では電話もできないし、当時の私《わたし》は、まだ車いすに一人で乗り降《お》りできなかったので、自由にラウンジなどにも行けないし……。家族とのつながりは、ラインでメッセージのやりとりをするぐらいしかなかったですね」

*免疫力――細菌《さいきん》やウイルスから体を守る力。

いつ家族に会えるかもわからない日々。そんなとき、彼女《かのじょ》の支《ささ》えになったのは、入院している子どもたちだった。

「小児科と総合内科と整形外科の混合病棟《こんごうびょうとう》に入院していたんですよ。そのころの私《わたし》を救《すく》ってくれたのは、いっしょの病室に入院していた子どもたちですね。特に、弟と妹の友達でもある白血病の女の子の存在《そんざい》は、私《わたし》にとって支《ささ》えになりました。その子と遊ぶことで、すごく気が紛《まぎ》れました。本当の妹のようでしたね」

閉《と》ざされた世界の中では、人とのふれあいが大きな心のよりどころとなる。入院患者《かんじゃ》同士《どうし》で互《たが》いにはげまし合いながら、ｓａｋｉさんは治療《ちりょう》を続けた。その間に行われた数回の植皮*の手術《しゅじゅつ》（右足の傷口《きずぐち》をふさぐため）や、つらいリハビリを乗り越《こ》えることができた。

当時は、どんなリハビリをしていたのだろうか。

「車いすを使用するには、腕《うで》の筋力《きんりょく》がすごく必要になるんです。ベッドから車いすに移《い》動《どう》するときも、車いすからいすやベッドに戻《もど》るときも、腕《うで》の力を使います。だからリハビリでは、腕《うで》の筋《きん》トレをたくさんしました。重りを持ち上げたり、トレーニング用のチューブを引っ張《ぱ》りながら、体のバランスをとったりしましたね。他にも、四つんばいになって手を上げて、体のバランスをとる練習もしました。体幹《たいかん》トレーニングってやつですね」

リハビリ生活を続けたｓａｋｉさんは、２０２０年10月に左足の仮義足《かりぎそく》を作ることになった。通常《つうじょう》は傷《きず》がふさがってすぐに仮義足《かりぎそく》を作り始める人が多い。だがｓａｋｉさんの場合は、下半身のまひで腰《こし》から下の感覚がなかったため、急いで仮義足《かりぎそく》を作っても使いこなすのは難《むずか》しいだろうという医師《いし》の判断《はんだん》のもと、リハビリを終えた段階《だんかい》で初めて仮《かり》義足《ぎそく》を作った。事故《じこ》から一年近く経《た》った段階《だんかい》での作成であり、通常《つうじょう》の義足《ぎそく》ユーザーよりは遅《おそ》い。

「先に作ったのは左足の仮義足《かりぎそく》ですね。右足は傷《きず》の状態《じょうたい》も悪く、まひもひどかったので、作っても使いこなせないから後回しになりました。ただ、左足も、右足よりは状態《じょうたい》が良いとはいえ、まひがあったり筋力《きんりょく》が足りなかったりで、立つのがやっとの状態《じょうたい》でした。

＊植皮――体の別の場所から皮ふを移植《いしょく》すること。

義足《ぎそく》は使いこなせなかったんですけど、車いすなら問題なく生活できそうな状態《じょうたい》にまで回復《かいふく》したので、そのまま退院《たいいん》となりました」

2020年10月、約一年にわたる長かった入院生活がようやく終わった。

段差《だんさ》がこわい

退院《たいいん》したsakiさんは、車いすを使って街に出た。だが、そこではたいへんなことが多かったという。

「初めは、なにもかもがこわかったですね。特に段差《だんさ》です。自分で進むのもこわいし、だれかに押《お》してもらってもこわかったです。私《わたし》は『床《ゆか》トラ』と呼《よ》ばれる、床《ゆか》から車いすに乗り移《うつ》る動作ができなかったので、もし落ちたら、自力では車いすに戻《もど》れないんです。その意識《いしき》が常《つね》に頭にあり、とても不安でした」

床《ゆか》トラとは、床《ゆか》から腕《うで》の筋力《きんりょく》を使って車いすに乗る動作だ。床《ゆか》からトランスファーを

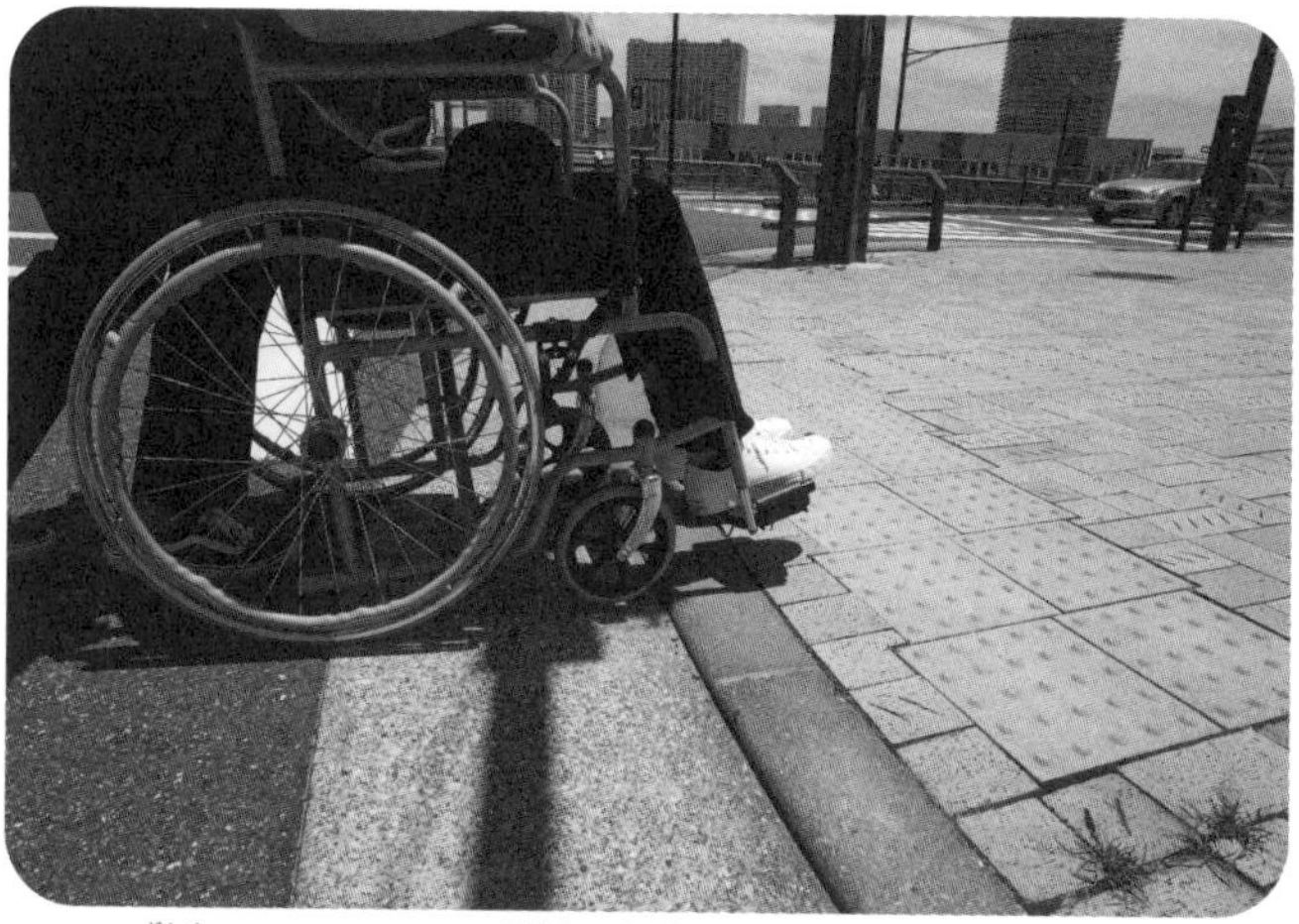

▲小さな段差《だんさ》でも、車いすには転倒《てんとう》の危険《きけん》がある。

略《りゃく》した言葉である。トランスファーとは介《かい》護《ご》用語で、ある場所から別の場所へと移動《いどう》する動作を意味する。

ｓａｋｉさんは、腕《うで》の筋力《きんりょく》不足などで床《ゆか》トラができなかった。もし転んで車いすから落ちたら、だれかの助けがないと車いすに乗れない。つまり、街中をせわしなく行きかう人に助けを求めなければならない。それは、相当な恐怖《きょうふ》だった。ｓａｋｉさんは、落ちたくないとおびえながら車いすに乗っていた。

「車いすでは、ベルトをつけて体を固定することができます。私《わたし》は、最初はベルトを

＊装着《そうちゃく》していなかったんですよ。つけない人もいると聞いていたので。でも、実際《じっさい》に街に出てみると、小さな段差《だんさ》で引っかかって体が前に飛んでいきそうになったり、下り坂で体が滑《すべ》り落ちそうになったりと、たいへんでした。今はベルトを装着《そうちゃく》して、滑《すべ》り落ちの防止《ぼうし》をしています。

電車の揺《ゆ》れも不安定でこわかったですね。体が不安定で上半身がずっと揺《ゆ》れているので、座《すわ》っているけど、立っているみたいな感覚になるんですよ。

あと、車いすの後ろに荷物をぶら下げていたときは、バランスが後ろにくずれて、ひっくり返りそうになりました。今は、荷物が多いときは、車いすの後ろに荷物をかけずに膝《ひざ》に置くようにしています。不安定な場所では、片手《かたて》で荷物を抱《かか》えて、もう片方《かたほう》の手で手すりをつかんで、なんとか落ちないよう工夫をしています。

いろんな場面で、だんだんと、どうするのが安全かわかってきたんですが、対処法《たいしょほう》を見つけるまではこわかったですね」

不安を抱《かか》えながら生活をしていたｓａｋｉさんだが、その不安も徐々《じょじょ》に解消《かいしょう》してゆく。

今では、床《ゆか》トラもできるようになった。

「最近は、残された左足で膝《ひざ》立ちができるようになったんです。膝《ひざ》立ちした状態《じょうたい》から腕《うで》で車いすの手すりを使って、車いすにお尻《しり》を乗せることで床《ゆか》トラができるようになりました。腕《うで》の筋肉《きんにく》がついたことと、体の使い方のコツがわかったことが、できるようになった理由だと思います」

慣《な》れてきたとはいえ、すべての不安がなくなったわけではない。

その一つが段差《だんさ》だ。

たとえ小さな段差《だんさ》であっても、車いすには常《つね》に、転倒《てんとう》や滑《すべ》り落ちるなどの不安がついてまわる。ｓａｋｉさんの場合は特に、下半身がまひしているため、バランスをくずしたときとっさに腰《こし》から下で踏《ふ》ん張《ば》ることができない。そのため、まひがない人よりも滑《すべ》り落ちやすいという。

もし、街で車いすの人を見かけたら、段差《だんさ》の前で困《こま》っていないか気にかけてほしい。

そして困《こま》っていたら、ぜひ声をかけてほしい。

＊装着――身につけること。

膝《ひざ》がなくなる

左足の仮義足《かりぎそく》から遅《おく》れること一年、2021年11月に、sakiさんは右足の仮義足《かりぎそく》を作った。

足を切断《せつだん》した場合、膝《ひざ》から上か下かで生活が大きく違《ちが》ってくる。

膝《ひざ》から下の切断《せつだん》は下腿切断《かたいせつだん》と呼《よ》ばれ、下腿義足《かたいぎそく》をはいて生活する。膝《ひざ》から上で切断《せつだん》した場合は大腿切断《だいたいせつだん》と呼《よ》ばれ、大腿義足《だいたいぎそく》をはいて生活する。

膝《ひざ》から下、つまり、下腿切断《かたいせつだん》の方が、生活していくうえで不自由が少ないことは、想像《そう》がつくだろう。

下腿切断《かたいせつだん》の場合は、大腿切断《だいたいせつだん》より足が長く残っている分、足全体（特に太もも）の筋肉《きんにく》も多く残る。そのため、下腿義足《かたいぎそく》で、大腿義足《だいたいぎそく》よりも力強く地面をけることができる。

また、下腿切断《かたいせつだん》は、大腿切断《だいたいせつだん》よりも切断面《せつだんめん》と地面との距離《きょり》が近く、義足《ぎそく》の長さも短い。そのため、義足《ぎそく》のコントロールがしやすい。これは、短いおはしの方が、長いおはしよりも扱《あつか》いやすいのと同じ理屈《りくつ》だ。思い通りの位置に義足《ぎそく》を動かしやすく、バランスがとりやすいなどのメリットがある。

ｓａｋｉさんは、下腿切断《かたいせつだん》だった。

だが、問題が起こる。

「２０２２年の秋ですね。右足に重たいものを落としちゃったんです。もともと皮ふが弱くて、何度も植皮の手術《しゅじゅつ》を受けていました。その植皮していた箇所《かしょ》に、また傷《きず》をつけてしまったので、そこから感染《かんせん》して、その感染《かんせん》が骨《ほね》にまで広がったんです。病院へ行くと、骨髄炎《こつずいえん》と診断《しんだん》を受けました。これはもう骨《ほね》を取り除《のぞ》かないと良くならないと言われました」

骨《ほね》を取り除《のぞ》くというのは、膝《ひざ》より上での切断《せつだん》、つまり右足が大腿切断《だいたいせつだん》になるという意味だった。

「大腿切断《だいたいせつだん》しない方法も、一応《いちおう》ありました。でも、いつ治るかもわからない治療《ちりょう》だと言われて、つらいのは目に見えていたんですよね。すでに、植皮や＊褥瘡《じょくそう》の手術《しゅじゅつ》を何度も受

＊褥瘡——体重で圧迫《あっぱく》されている場所の血流が悪くなることで、皮ふが赤くなったり、ただれたりすること。

けていてつらいのに、さらにまた新たな治療《ちりょう》方法を試すとなると不安で……。それに、その新しい治療《ちりょう》方法でも、結局、良くならなかったら大腿《だいたい》切断《せつだん》になると言われたんです。時間をかけて治療《ちりょう》をしたところで再切断《さいせつだん》と言われたら、もう耐《た》えられない気がしました。それに、新たな治療《ちりょう》の途中《とちゅう》で、敗血症《はいけつしょう》で死んじゃう人もいるという話を聞かされて、大腿《だいたい》切断《せつだん》を決断《けつだん》しました」

敗血症《はいけつしょう》とは、細菌《さいきん》やウイルスへの感染《かんせん》が、臓器《ぞうき》などまでに広がってしまう病気だ。死亡率《しぼうりつ》が非常《ひじょう》に高く、多数の臓器《ぞうき》に影響《えいきょう》すると数時間で死に至《いた》る。ｓａｋｉさんは医師《いし》から話を聞き、最後は自分の意思で膝《ひざ》をなくすことを決めた。

たび重なる切断《せつだん》

２０２２年11月21日、右足を再切断《さいせつだん》した。

だが、その後の経過《けいか》は悪かった。炎症《えんしょう》からの発熱が続き、翌《よく》２０２３年３月18日、さらに右足を再再切断《さいさいせつだん》する手術《しゅじゅつ》を行った。このころには、右足はもう股関節《こかんせつ》から10センチほどしか残っていなかった。

「右足をまた再再切断《さいさいせつだん》するっていうのは結構《けっこう》ショックでしたね。でも、膝《ひざ》がもうない状態《じょうたい》だったから、そこまで生活は変わらない気もしました。そういう意味では、前回の再《さい》切断《せつだん》よりは精神的負担《せいしんてきふたん》は少なかったですね。それに、再再切断《さいさいせつだん》が決まる直前は、毎日、熱もすごかったので、早く良くなってとしか思えなかったです」

ｓａｋｉさんの右足は切断《せつだん》を繰《く》り返し、もう切る部位が残されていないほど短くなっていた。それでも、骨髄炎《こつずいえん》は一向に良くならず、新たな治療《ちりょう》に取り組むことになった。

「骨髄針《こつずいばり》といって、骨《ほね》に直接《ちょくせつ》、針《はり》を刺《さ》し、皮下に太い管を入れて抗生剤《こうせいざい》を流し込《こ》む治療《ちりょう》をしました。合計三本の針《はり》を刺《さ》しましたね。針《はり》は手術《しゅじゅつ》で取り付けました。あふれた血を吸《す》う管も取り付けられ、とにかく体中に針《はり》や管が刺《さ》さっていた記憶《きおく》があります」

右足の傷口《きずぐち》の治療《ちりょう》を続ける一方で、左足も、右足の治療《ちりょう》の妨《さまた》げにならない程度《ていど》にリハビリをしなくてはならない。

「理学療法士《りょうほうし》さんに来てもらって、左足のストレッチと筋《きん》トレだけは行っていました。ストレッチといっても、股関節《こかんせつ》のストレッチと膝《ひざ》の曲げ伸《の》ばし程度《ていど》です。まひがあるため膝《ひざ》の曲げ伸《の》ばしは苦手なので、膝《ひざ》の筋肉《きんにく》が固まらない程度《ていど》に動かしていました。筋《きん》トレも、足を持ち上げるなどの簡単《かんたん》なことだけです」

骨髄針《こつずいばり》での治療《ちりょう》の末、ようやくｓａｋｉさんの右足は回復《かいふく》の兆《きざ》*しを見せた。

「毎日、続いていた熱も出なくなったし、炎症《えんしょう》の数値《すうち》も下がって、体調はずいぶんと良くなりました。傷口《きずぐち》はふさがっていないものの、入院するほどでもないということで、在宅治療《ざいたくちりょう》に切り替《か》えました」

入院から三か月後、２０２３年6月20日にｓａｋｉさんはようやく退院《たいいん》することになった。

片足《かたあし》だけの義足《ぎそく》

退院《たいいん》後のｓａｋｉさんは、在宅《ざいたく》での治療《ちりょう》を続けていた。

「自宅《じたく》では、傷口《きずぐち》に消毒液《しょうどくえき》の染《し》みたガーゼをつめ込《こ》み、細菌感染《さいきんかんせん》の予防《よぼう》をしました。二週間ほどで回復《かいふく》し、最後はばんそうこうのみで過《す》ごしていました」

右足は順調に回復《かいふく》はしてきていたものの、医師《いし》からは義足《ぎそく》はあきらめるように言われてしまう。

「傷《きず》ができては治してを繰《く》り返しているので、また義足《ぎそく》を作って、傷《きず》ができたら危険《きけん》だと言われました。もう私《わたし》の右足には切断《せつだん》する部分も残っていないので、できる治療《ちりょう》も限《かぎ》られるんですよね。だから、右足の義足《ぎそく》はあきらめました。ただ、左足の本義足《ほんぎそく》は作ろうと考えているんです」

左足の義足《ぎそく》……当然のことだが、片足《かたあし》だけ義足《ぎそく》を作っても、以前のように歩けるわけではない。片足《かたあし》立ちや片足《かたあし》歩行（要するに、けんけん）ができるだけだ。それでも、

ｓａｋｉさんは義足《ぎそく》を作るメリットがあるという。

「例えば、お手洗《あら》いのときに車いすから便座《べんざ》に座《すわ》るには、片足《かたあし》立ちでもいいので、いっ

＊兆し――ある物事が起こりそうな気配。

たん立ち上がって座《すわ》り治す方がスムーズだと思うんですよね。実際《じっさい》に、一時期、仮義足《かりぎそく》をはいていたときは楽でした」

現在《げんざい》、ｓａｋｉさんは、トイレに設置《せっち》してある手すりや車いすの座面《ざめん》に手を置いて、腕《うで》の力だけで便座《べんざ》に移《うつ》っている。だが、片足《かたあし》でも義足《ぎそく》があれば、片足《かたあし》立ちして、車いすから便座《べんざ》に楽に座《すわ》り直すことができるのではないかと考えているのだ。

「あと、片足《かたあし》でも立ち上がることができれば、ズボンの上げ下ろしも楽なんです。今は、車いすから便座《べんざ》に移動《いどう》する前に、座《すわ》ったままズボンの上げ下ろしをしなければいけません。なので今は、ズボンをはかずスカートだけで生活しています」

片足《かたあし》だけでも義足《ぎそく》を作るメリットは、その他にもあるという。

「車いすから滑《すべ》り落ちそうになったときに、片足《かたあし》があれば、そこで踏《ふ》ん張《ば》りがきくという話も理学療法士《りょうほうし》さんから教えられました。他にも、足があった方が、お尻《しり》が足の重さに引っ張《ぱ》られることで座《すわ》り方も変わって、圧力《あつりょく》がお尻《しり》全体に分散されて、負担《ふたん》がかからないという話も伺《うかが》いました」

車いすユーザーは常《つね》に座《すわ》りっぱなしの生活だ。そのため、お尻《しり》に負担《ふたん》がかかる。そうなると、血流が悪くなり褥瘡《じょくそう》ができてしまう可《か》能性《のうせい》がある。また、お尻《しり》への痛《いた》みを感じる人もいる。そういったトラブルを防《ふせ》ぐためには、お尻《しり》の負担《ふたん》を軽くする『除圧《じょあつ》』を行うことが重要だ。

　ｓａｋｉさんは、除圧《じょあつ》を行わなかったことで手術《しゅじゅつ》になってしまったことがあるという。

「初めは除圧《じょあつ》の大事さがわかっていなくって、車いすに何時間も乗っていて褥瘡《じょくそう》になってしまったんですよ。その処置《しょち》の手術《しゅじゅつ》を行いました。除圧《じょあつ》が大事ってことは、看護《かんご》の授《じゅ》業《ぎょう》でも習っていたんですけど、どれだけの時間座《すわ》っていると危《あぶ》ないのか、どんなリスクがあるのかという詳《くわ》しいことまでは知らなかったんです。それに、私《わたし》の場合はまひでお尻《しり》の感覚もないので痛《いた》みがなかったんですね。そのせいで、除圧《じょあつ》をおろそかにしたというのもあります」

　今、ｓａｋｉさんが行っている除圧法《じょあつほう》の一つに、十五分～三十分ごとに一度、車いすのひじ当てを使って腕《うで》の力でお尻《しり》を持ち上げる『プッシュアップ』と呼《よ》ばれる方法がある。定期的にお尻《しり》を持ち上げる。この一手間《ひとてま》で、お尻《しり》への圧力《あつりょく》が分散され負担《ふたん》が軽くなるのだ。

「プッシュアップには腕《うで》の力も必要なので、退院《たいいん》後は腕《うで》の筋《きん》トレもしていました。あと、除圧《じょあつ》のために家では仰向《あおむ》けに寝転《ねころ》がったり、うつ伏《ぶ》せになったり、できるだけ座《すわ》りっぱなしにならないように工夫しています。

動かすことで、拘縮《こうしゅく》という関節が動かなくなってしまう状態《じょうたい》も回避《かいひ》できるんですよ。座《すわ》りっぱなしだと筋肉《きんにく》が固まってしまいます。固まると、残された足を伸《の》ばすことすらもできないんです」

他にもｓａｋｉさんは車いすユーザー向けの座布団《ざぶとん》を使ってお尻《しり》の圧力《あつりょく》を分散している。車いす用のクッションはお尻《しり》の圧力《あつりょく》をうまく逃《に》がすように作られていて、お尻《しり》の痛《いた》みも軽減《けいげん》されるため、長時間座《すわ》りっぱなしの車いすユーザーには人気の商品だ。

家での車いす生活

sakiさんの家は、古い家のため車いす用のバリアフリー*が整っていないという。そのため家では、車いすを使用せずに生活をしている。どんな生活なのかを聞いてみた。

「基本《きほん》は左足と手を使ってハイハイで移動《いどう》しています。荷物を持っているときは、お尻《しり》歩きをしていますね。平屋のため階段《かいだん》はないので、そこは楽です。

お風呂《ふろ》のときは、子どもが使うようなクッション性《せい》があるマットを敷《し》いて、その上に座《すわ》って洗《あら》っています。いすは使わないですね。バスタブに入るのは自分一人の力だとたいへんですから、シャワーを浴びるだけです。

お手洗《あら》いで便座《べんざ》に座《すわ》るときは、便座《べんざ》の半分ぐらいの高さの段差《だんさ》を利用しています。まず、腕《うで》の力のみで、段差《だんさ》に体を持ち上げて、次も腕《うで》の力のみで、段差《だんさ》から便座《べんざ》に移《うつ》ります。一気に便座《べんざ》に上ることはできませんが、一度、段差《だんさ》を挟《はさ》むことで、自力で便座《べんざ》に座《すわ》ることができます」

便座《べんざ》に座《すわ》った後にもう一つの困難《こんなん》がある。それは排《はい》せつ障《しょう》がいだ。足の切断《せつだん》以外にも

*バリアフリー――障《しょう》がいのある人や高齢者《こうれいしゃ》など、さまざまな人が生活するうえで、不便や無理に感じる壁《かべ》（バリア）をなくすこと。

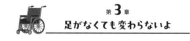

下半身のまひが残るｓａｋｉさんは排《はい》せつの際《さい》にも一工夫が必要だ。

「腰《こし》から下にまひがあるので、お手洗《あら》いに行きたい感覚が全くないんですよ。なので、時間ごとにお手洗《あら》いに行っています。今は、三、四時間おきに行っていますね。まひで排《はい》せつ障《しょう》がいがある場合、尿道《にょうどう》に管を通して尿《にょう》を出す導尿《どうにょう》をされている方も多いんですが、私《わたし》は、腹圧《ふくあつ》をかければ尿《にょう》は出るので、その方法で排《はい》せつを済《す》ましています」

一言でまひといっても、なかなか想像《そうぞう》がつかないものだ。お手洗《あら》いに行きたい感覚がないというのは、切実な問題に感じられる。

「漏《も》れへの不安があるので、定期的にお手洗《あら》いに行くことは欠かせないのですが、深夜などは、起きてお手洗《あら》いに行くのはめんどうなので水分量を制限《せいげん》することで調整しています。とはいえ、夏場は熱中症《ねっちゅうしょう》も不安なので、水分をしっかりとることも必要ですから、気を使いますね」

ｓａｋｉさんは時と場合によって水分量を調節することで、お手洗《あら》いの回数をコントロールしている。ただし、漏《も》れへの不安はあるため、常《つね》にオムツを使っているという。

現在《げんざい》は、下半身まひも、ずいぶんと良くなっているそうだ。

「最初は触《さわ》られても感覚が全くなく、動かすこともできない状況《じょうきょう》でした。今では、左足はだいぶ感覚があります。お尻《しり》まわりだけは感覚がない不思議な感じですね。今後治るのかなと、ちょっと期待してます」

当たり前のことだが、障《しょう》がい者も、そのときどきに応《おう》じて体の状況《じょうきょう》が変わる。良くなっていくことがある一方で、悪くなることもある。日々の体調にあわせて障《しょう》がいと付き合っていかなければいけない日常《にちじょう》がある。

幻肢痛《げんしつう》に悩《なや》まされる日々

他にもｓａｋｉさんを悩《なや》ます体の症状《しょうじょう》に『幻肢痛《げんしつう》』がある。

幻肢痛《げんしつう》とは手や足を失った際《さい》に、脳《のう》ではまだ手や足が存在《そんざい》しているように感じ、すでに切断《せつだん》されている部位に痛《いた》みが発生することだ。存在《そんざい》しない部位が痛《いた》むという不思議に思われる症状《しょうじょう》だが、多くの切断者《せつだんしゃ》が、この幻肢痛《げんしつう》に悩《なや》まされている。ｓａｋｉさんも、事故《じこ》直後の入院中から現在《げんざい》までずっと幻肢痛《げんしつう》が続いている。

「常《つね》に電気が走るように両足ともビリビリしてるんですよ。痛《いた》みのレベルは日によって違《ちが》いますが、痛《いた》みがゼロになることはないですね。

病院では『痛《いた》みが一番強いときが10だとしたら、今はいくつぐらい？』と聞かれます。私《わたし》の場合は、どんなに痛《いた》みが小さくても1はあります。医師《いし》にも、そう答えています。痛《いた》みが強いときは8～9ぐらいですね。それぐらいになると電気が走るというよりも、雷《かみなり》が落ちるイメージに近いです。それもいきなり来るんですよ。

天気や体調に関係している気がしますね。特に低気圧《ていきあつ》のときは、雷《かみなり》が落ちる方の痛《いた》み

▲幻肢痛《げんしつう》で、失われた足がまだ残っているかのように痛《いた》む。

がよく起こります。最近では『あ、痛《いた》みが現《あらわ》れたな。じゃあ明日は雨かな』と思って天気予《よ》報《ほう》を見ると、本当に雨だということがあります。痛みで天気予《よ》報《ほう》ができるみたいです（笑）」

雷《かみなり》が落ちるような痛《いた》さとは、なかなか想像《そうぞう》がつかない激《はげ》しいものだ。それが、全くの不定期で起こり、一か月ほど起きない時期もあれば、一日に何度も起きることもあるという。

「対処法《たいしょほう》は痛《いた》み止めを飲むしかないので、急な激痛《げきつう》に備《そな》えて常《つね》にたくさん持ち歩いています。カロナールなどの鎮痛剤《ちんつうざい》が効《き》かないときは、神経系《しんけいけい》の痛《いた》み止めのトラマールなども飲んでいます」

同じ足がないという状況《じょうきょう》でも、人によって症状《しょうじょう》はさまざまだ。両足義足《ぎそく》でも、痛《いた》みがなく走り回れる人もいれば、ｓａｋｉさんのように排《はい》せつ障《しょう》がいや幻肢痛《げんしつう》がひどくて、大きな困難《こんなん》を抱《かか》えている人もいる。症状《しょうじょう》が違《ちが》えば、困《こま》っていることも違《ちが》う。

車いすユーザーからみた社会

　退院《たいいん》してから一年以上の月日が経《た》った。現在《げんざい》のｓａｋｉさんは、褥瘡《じょくそう》などの治療《ちりょう》のために病院へは通っているものの、度重《たびかさ》なる手術《しゅじゅつ》や入院からは解放《かいほう》された日々を過《す》ごしている。車いすもずいぶんと使い慣《な》れてきた。街中での車いす生活で、今も困《こま》っていることがあるか聞いてみた。

「バスに乗るのがたいへんですね。バスの運転手さんに*スロープを用意してもらって、押《お》してもらい乗車します。乗った後は、運転手さんが車いすを固定してくれます。一

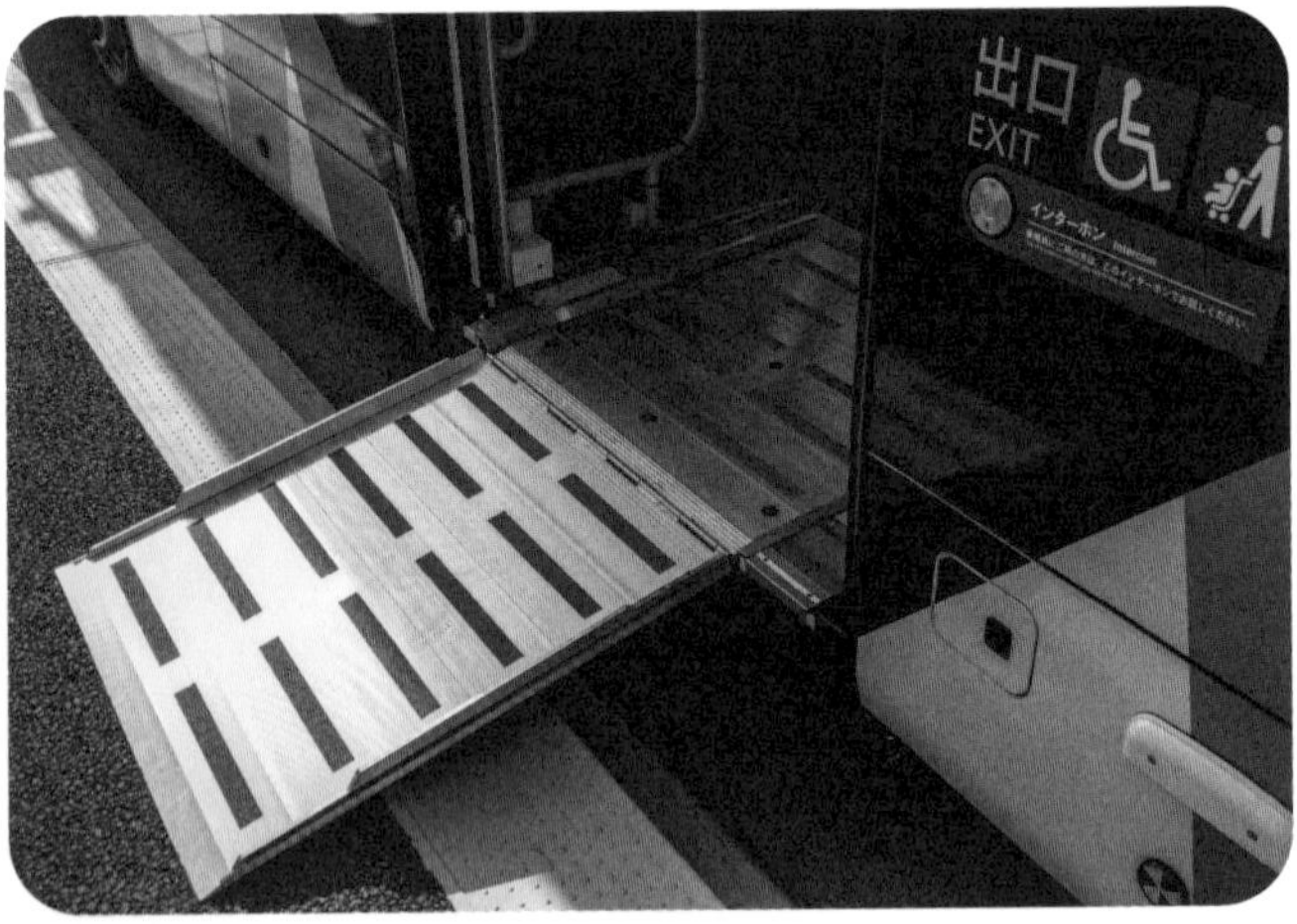

▲バスに乗るための車いす用スロープ板。

連の作業を終えてようやくバスが出発します。運転手さんは気遣《きづか》ってくれるんですけど、乗客の方からは、嫌《いや》な目線を送られることもありますね。どうしても時間がかかるので、急いでいる乗客の方からは嫌《いや》がられます。あと、バスの後ろに車の渋滞《じゅうたい》ができてしまうのも気になりますね」

基本的《きほんてき》には車いすユーザーに優《やさ》しく接《せっ》してくれる人が多いというものの、通勤《つうきん》ラッシュ時などは、ｓａｋｉさんが利用することでバス内がピリピリした空気になることもあるという。その他に、電車の乗り換《か》えも苦労するという。

「階段《かいだん》を上れないので、スロープがあるところ、エレベーターがあるところを探《さが》して駅構内《こうない》を遠回りしなきゃいけません。なので時間がかかりますね。エレベーターも、他の人がどんどん先に乗ってしまい、なかなか乗れないこともあります。順番を譲《ゆず》ってくれる方がいて、すぐに乗れることもあるんですけどね」

車いすでのバスや電車の乗り降《お》りは、とにかく時間がかかる。そのため多くの車いすユーザーは、公共交通機関での移動《いどう》をともなう場合、一般的《いっぱんてき》な所要時間よりもはるかに

＊スロープ――ゆるやかな坂道。

長い時間を見込《みこ》んで行動している。急ぎの移動《いどう》など難《むずか》しいのだ。

その一方で、車いすは自転車に近い感覚でスピードが出るものでもあり、ｓａｋｉさんは、駅構内《こうない》では、他の利用者にぶつかってケガをさせないように神経《しんけい》を使っているという。

「電車の乗り換《か》えは、そもそも走っちゃいけないものですが、車いすでは特に、絶対《ぜったい》にできないです。例えば、子どもやお年寄《としよ》りが飛び出してきたりしても、自転車と同じで急によけることはできません。もしぶつかっちゃったら、車いすの方が金属《きんぞく》で硬《かた》いので、ケガをさせてしまいます。人を傷《きず》つけたくありませんからね。

車いすユーザーがケガをさせる側に立つという意味では、歩きスマホもこわいです。歩きスマホの人は前を向いていないので、気付いてもらえないですよね。特に車いすは、立っている人より低い箇所《かしょ》を移動《いどう》しているので、歩きスマホをしている人の視野《しや》に入りにくいのかなと思います。だから、歩きスマホの人にもぶつからないように注意しています」

その他、せっかくバリアフリーが設備《せつび》として整っていても、それをじゃましている人がいることに、ｓａｋｉさんは困《こま》っている。

「私《わたし》がふだん利用している駅のロータリーには、車いすや体の不自由な人が使う駐車《ちゅうしゃ》スペースがあります。優先《ゆうせん》スペースと呼《よ》ばれている場所です。車いすを乗り降《お》りしやすい広さがあって、エレベーターにも近くて便利なんですけど、優先《ゆうせん》スペースを必要としない方が、車を止めていて使えないことがしょっちゅうあります。そこは空けておいてほしいなと思います」

どれだけ車いすユーザーのため、障《しょう》がい者のために配慮《はいりょ》した設備《せつび》があっても、それを妨《さまた》げる人がいては元も子もない。優先《ゆうせん》スペースに健常者《けんじょうしゃ》が駐車《ちゅうしゃ》する。点字ブロックの上に物を置く。こうしたことをやっている人は、軽い気持ちなのかもしれないが、そのことで困《こま》っている人が実際《じっさい》に身近にいるのだ。一人一人が、それを想像《そうぞう》して行動できない限《かぎ》り、本当のバリアフリー社会は実現《じつげん》しないだろう。

「基本的《きほんてき》に、公共の場所は、車いすユーザーにも配慮《はいりょ》されていて助かっていますね。バリアフリーは整っていると思います。特に困《こま》ることもないですね。

ただ、あと一工夫あればなと思うときは少しあります。例えば、先ほど話した駅のロータリーの優先《ゆうせん》スペースも、道路が青くぬられていて色分けされていたり、道路に車いすマークが描《えが》かれていたりするところもあります。そういう工夫があれば『あ、ここは空けておかなきゃ』って気付くと思うんです。私《わたし》が利用している駅の優先《ゆうせん》スペースは、フェンスにつけられた看板《かんばん》に『優先《ゆうせん》スペース』と書かれているだけなんで、気付かずに駐車《ちゅうしゃ》して

▲駐車場《ちゅうしゃじょう》の優先《ゆうせん》スペースの表示《ひょうじ》。車いすは幅《はば》があるので、乗り降《お》りするための広さが必要となる。

いる人もいるんじゃないかな」

あと少し工夫するだけで車いすユーザーが利用しやすくなる場所も多いとｓａｋｉさんは言う。

「バリアフリーができている場所、できていない場所は、車いすになってから感じるようになりました。

例えば、今はセルフレジが増《ふ》えましたが、タッチパネルの画面が高くて車いすに座《すわ》ったままだと操作《そうさ》できないんですよね。

画面でいうと、銀行のＡＴＭ《エーティーエム》も苦労しますね。ＡＴＭのパネルは、立っている人からは見やすくなっていますが、車いすの角度からは見にくいんですよ。もちろん銀行なので預金額《よきんがく》や暗証《あんしょう》番号などが横の人から見えない仕様になっているのは仕方がないのですが、一人で銀行に行ったときは困《こま》ってしまいました。

一生懸命《いっしょうけんめい》考えたうえでバリアフリーなデザインにしてくださっていることは感じます。すごく感謝《かんしゃ》していますし、すごくうれしい気持ちにもなります。でも、あと少し、こうしたら良くなるのにと感じることも多いです。

勝手な思い込《こ》みかもしれませんが、健常者《けんじょうしゃ》だけでバリアフリーのデザインを考えてしまっているのかなと感じるときもあります。いろんな障《しょう》がいがあるので、たくさんの人に話を聞いて設計《せっけい》してほしいと思います」

すべての人が快適《かいてき》に過《す》ごせる社会を目指すのは、素晴《すば》らしいことではあるが、実現《じつげん》はなかなか難《むずか》しい。

だが、一歩でもそうした社会に近づくために大切なことは「知る」ことではないだろうか。障《しょう》がいのある人がどんなことで困《こま》っているのか、どうすれば暮《く》らしやすくなるのか、それを知らなければ必要な配慮《はいりょ》はできない。セルフレジや銀行のATMが車いすの人には利用しにくいという問題も、これまでほとんどの人は知らなかっただろう。それを「知る」ことで、たとえすぐには実現《じつげん》できなくても、解決策《かいけつさく》を考えることができる。解決《かいけつ》に近づいていく。

saki さんの話を聞きながら、そう感じた。

優《やさ》しさに触《ふ》れる日々

バリアフリーが整っていることに感謝《かんしゃ》しているというｓａｋｉさん。どんな点が良いのかも聞いてみた。

「エレベーターは、車いすユーザーに使いやすい配慮《はいりょ》がされていますね。設置《せっち》台数が少なくて見つけるのには苦労しますけど、乗ってしまえばとても便利です。

駅のエレベーターって、入り口と出口が反対側についているものが多いですよね？

あれは車いすユーザーにとって、すごくうれしいんですよ。一つしか乗降口《じょうこうぐち》がなく、入り口も出口も同じ場合は、出るときに車いすをエレベーターの中で反転させたり、バックで出たりしなくてはいけません。これをぶつからないようにやるのが、たいへんなんです。入り口と出口が反対についていれば、乗った方向のまま、前を向いて降《お》りることができて楽なんです。

デパートやビルなどのエレベーターは、乗降口《じょうこうぐち》は一つしかないですよね。その場合もたいてい、大きな鏡がついています。おかげで、車いすの後ろの状況《じょうきょう》が確認《かくにん》できて、『後ろにだれかいないかな』って確認《かくにん》しながらバックで出ることができるので、安心です。
鏡で後ろを見ることができると、自分が一番にエレベーターに乗ったときにも便利なんですよ。車いすでは後ろが見えないので『開』や『閉《へい》』のボタンを押《お》していいかどうか困《こま》るんです。後ろが見えないと、だれかまだ乗ってきそうな人がいてもわかりませんからね。それが、鏡があれば問題解決《かいけつ》するんです。大きい鏡がなくても、バックミラーがついていれば、後ろは確認《かくにん》できますね」

エレベーターに関しては各メーカー側の努力により、バリアフリー化がとても進んでいる。例えば、高い位置だけでなく、低い位置に操作《そうさ》ボタンがついているのは、車いすユーザーや子どもなどがボタンを押《お》しやすくするための配慮《はいりょ》だ。乗降口《じょうこうぐち》に段差《だんさ》がなく、建物とエレベーターの間にすき間が少ないのは、車いすやベビーカーなどが乗り降《お》りするときに車輪が引っかからないようにするためだ。エレベーター内の手すりは、足が不自由な人が転んだりふらついたりしないために設置《せっち》されている。エレベーター内の配慮《はいりょ》は細かいところまで行き届《とど》いている。

他にもｓａｋｉさんは、テーマパークでの配慮《はいりょ》について語ってくれた。

「テーマパークで、アトラクションの待ち時間が長いときにスタッフさんに声をかけると、待機場所を案内してくれたんです。車いすで行列に並《なら》ぶのは、段差《だんさ》や階段《かいだん》があったり、列の幅《はば》がせまい場所があって通りにくかったり、それに、障《しょう》がいによっては体温調節が苦手な方もいて、そういう方は暑い日は熱中症《ねっちゅうしょう》の危険性《きけんせい》が高かったりするので、たいへんなんです。だから、長い行列に並《なら》ばなくて良いように配慮《はいりょ》してくれたんですね。そのときは、行列の待ち時間と同じ時間だけ待機場所で待ったうえで、アトラクションに乗りました。ただし、待ち時間の間に、別のアトラクションに乗ったりすることはできないですよ。それだと、並《なら》んでいる他の人と不公平で良くないですからね」

障《しょう》がい者へ配慮《はいりょ》しつつ、公平も維持《いじ》しているテーマパークの姿勢《しせい》には、感心させられる。すべての人が同じように快適《かいてき》に過《す》ごせるように……と考えているのだ。

「健常者《けんじょうしゃ》と障《しょう》がい者とを分けるというより、みんなが同じように使えるというのはうれしいですね。配慮《はいりょ》は決して優遇《ゆうぐう》ではないですから。だから、最近いわれているユニバーサルデザインは、とてもいいと思います」

ユニバーサルデザインとは〝すべての人のためのデザイン〟という意味で、障《しょう》がい者だけでなく、年齢《ねんれい》や、性別《せいべつ》や、文化が違《ちが》っても、すべての人が快適《かいてき》に利用できるように設計《せっけい》されたデザインをいう。

「どうすればユニバーサルデザイン

▲階段《かいだん》とスロープが併設《へいせつ》されたユニバーサルデザインの駅。スロープは、車いすだけでなくベビーカーや子ども、高齢者《こうれいしゃ》も歩きやすい。

になるのか、というのは簡単《かんたん》に結論《けつろん》が出るものではありません。でも、どうすればみんなにとって過《す》ごしやすいのか、それを考えることが大事だと思いますね。考えることが、ユニバーサルデザインにつながっていくのではないでしょうか」

考えること。

それは、まず互《たが》いを知り、理解《りかい》することから始まるだろう。

sakiさんは2021年10月から、もっと車いすについて知ってもらいたいと、SNSでの発信活動も始めた。

「自分自身の情報収集《じょうほうしゅうしゅう》のためという意味もありますが、みなさんにも考えるきっかけになってくれればということで、SNSでの発信活動を始めました。

私《わたし》もこれまで、小学校の授業《じゅぎょう》や中学校の作文などで、障《しょう》がいや福祉《ふくし》について考える機会がありました。小学校のときも、中学校のときも、障《しょう》がい者本人の生の声を聞きました。当時は、あまり理解《りかい》できていませんでしたけど。

でも、今になってようやく、本当に重要だったんだなと感じますね。自分が障《しょう》がい者になったからなのか、大人になったからなのか。とにかく、聞いていて良かったです。改めて当事者の声の重要さを知った今、やはり私《わたし》も当事者として発信していくべきだと思い、活動をしています」

SNSを始めてから、sakiさんはさらに多くの人と知り合い、活動範囲《はんい》も広がった。

「SNSで『自分のことを発信する講演会《こうえんかい》をしたい』って投稿《とうこう》したんですよ。それをたまたま見てくださった方がいて、その人から機会をいただきました。短い時間でしたけど、朗読《ろうどく》ミュージカルのゲストとして自分のことを話したんです。良い経験《けいけん》になりましたね」

▲講演会《こうえんかい》でスピーチするsakiさん。

その他にも、ラジオに参加したり、インタビューを受けたりと現在《げんざい》は少しずつ発信の機会が増《ふ》えているという。

車いすで声を発信しているのはｓａｋｉさんだけではない。最近はＳＮＳの普及《ふきゅう》により、車いすユーザーや他の障《しょう》がいのある人たちにも、自らの声を発信する人が増《ふ》えた。そうした活動が身を結んでか、ｓａｋｉさんも街中で親切に声をかけられることが増《ふ》えたという。

「最近、人の優《やさ》しさに触《ふ》れることがとても増《ふ》えましたね。少しでも困《こま》っていると『大丈夫《だいじょうぶ》ですか？』と駆《か》け寄《よ》って声をかけてくださる方が多くて、すごくうれしい気持ちになります。みなさん本当に優《やさ》しいです。

駅員さんも、行きの電車を待っているときに『帰りの時間どのくらい？』と聞いてくれるんですよ。帰りの時間を聞いて、帰りもスムーズに乗り降《お》りができるように準備《じゅんび》しようとしてくれているんです。何気ない日常《にちじょう》に、うれしい場面がたくさんあります」

ふだん、街を歩いていて困《こま》っている人がいても、恥《は》ずかしかったり、自分には何もで困《こま》っている人は、声をかけることをためらうときがある。でも、困っている人は、たとえ何もできなくても、声をかけてもらえるだけでうれしいのだ。

身近なところに、困《こま》っている人がいる。障《しょう》がいを抱《かか》えている人がいる。

そんなとき、まずは声をかけてみよう。その一声が、すべての人が幸せな社会をつくるための第一歩なのかもしれない。

（第3章・終わり）

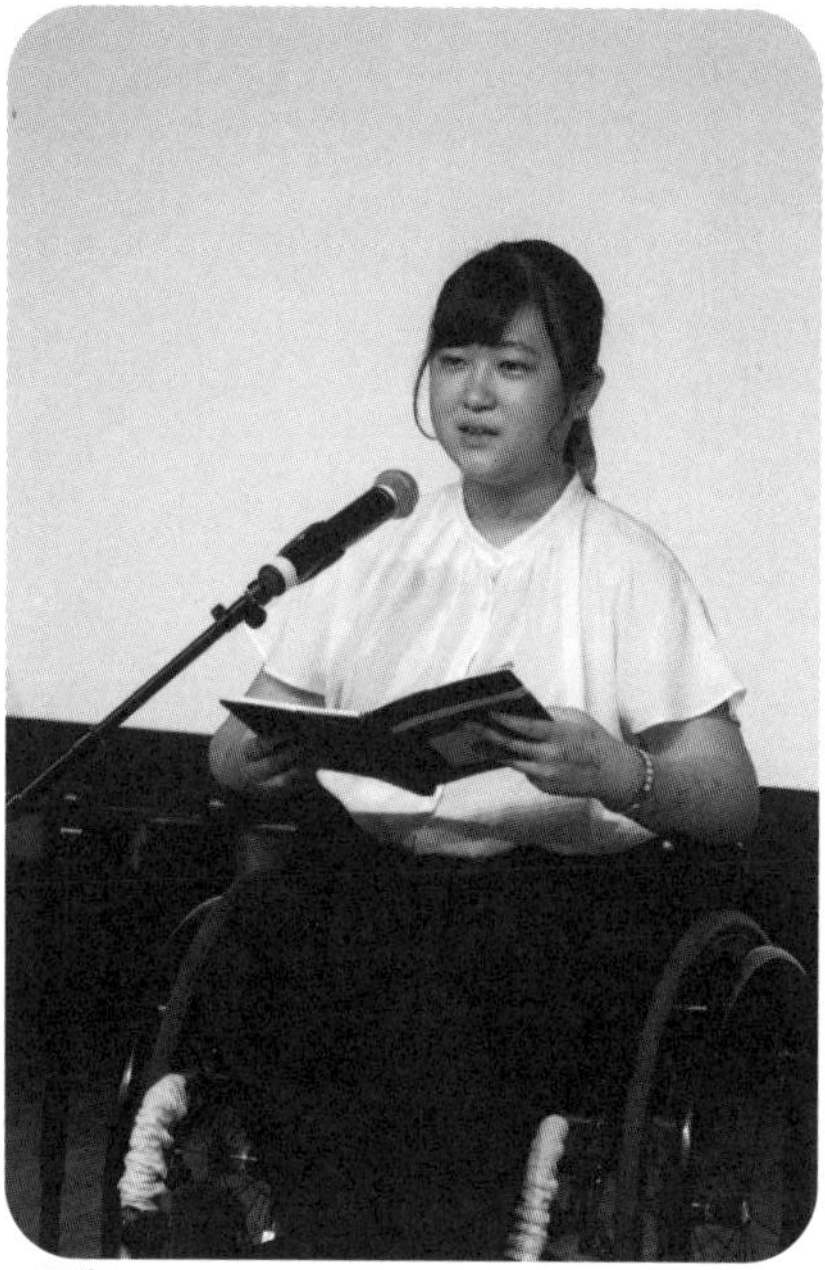

▲朗読《ろうどく》ミュージカルにゲスト出演《しゅつえん》した
saki さん。

第4章

でも、走れた。

【ケイさん】

スポーツジムのインストラクターをしていたケイさん。ダンスエクササイズや、エアロビクスなどの講師《こうし》として活動し、プライベートではサッカーにいそしんでいた。そんなスポーツ一筋《ひとすじ》のケイさんだったが、2017年、29歳《さい》のときに左足のケガで膝下《ひざした》から切断《せつだん》。下腿義足《かたいぎそく》で生活することになった。

まさか自分が…

「スポーツにまつわる仕事をずっとしていました。プライベートもスポーツばかりで、小さいときからスポーツ命の人生でした」

体を動かすことが大好きなケイさんは、仕事もプライベートもスポーツに明け暮《く》れていた。

「一時期、リハビリ特化型《とっかがた》のデイサービスで働いていたことがあったんです。そのときに、たまたま股関節義足《こかんせつぎそく》のおばあさんと出会いました。そのおばあさんは車いすで生活していたんですが、ものすごくアクティブだったんですよ。デイサービスでも積極的に運動をして、プールで水泳までしていました。義足《ぎそく》でも、ここまでできるんだなと驚《おどろ》きましたね。そのときは、まさか自分も義足《ぎそく》になるとは思ってもいませんでしたが」

股関節義足《こかんせつぎそく》とは、足を股関節《こかんせつ》から切断《せつだん》した場合にはく義足《ぎそく》で、自在《じざい》に動かすのは他の義足《ぎそく》より難《むずか》しい。股関節義足《こかんせつぎそく》でも活発なおばあさんにケイさんは驚《おどろ》いた。といっても、このときのケイさんにとって義足《ぎそく》は別世界のことだった。自分が同じ道をたどるとは想《そう》像《ぞう》もしていない。

「プライベートで、足首にケガをしてしまったんです。そこから細菌《さいきん》が入ってしまいました。それで、足を切断《せつだん》するしか治療法《ちりょうほう》はないと告《つ》げられたんです。診断《しんだん》を聞いて、切《せつ》断《だん》しなければ死ぬんだろうなと、すぐに理解《りかい》しました」

スポーツ好きなケイさんは、パラリンピックもテレビで観戦していた。また、NHKで放送された『プロフェッショナル 仕事の流儀《りゅうぎ》』で、義肢装具士《ぎしそうぐし》である臼井二美男《うすいふみお》さんの特集も、偶然《ぐうぜん》見ていた。そのためスポーツ用の義足《ぎそく》があれば、今まで通りスポーツができることも知っていたという。ケイさんには、知識《ちしき》があった。

「医師《いし》から切断《せつだん》という診断《しんだん》を受けたときは、すでに、自分の足首の動きがにぶくなってきているのを*認識《にんしき》していました。

となると、心配なのは膝《ひざ》だなと。

パラリンピックや臼井《うすい》さんの特集を見て、義足《ぎそく》でスポーツをするうえで、膝《ひざ》が重要なのは感じていたんです。膝《ひざ》を残した方ができるスポーツも増《ふ》えるし、走るタイムも速くなるという知識《ちしき》はありました。だから、膝《ひざ》だけは切断《せつだん》したくないという気持ちがすごく強くて、医師《いし》に『膝《ひざ》は残せますか?』と聞いたんです。そしたら、『今だったら残せます』と言われました。その言葉を聞いて『膝《ひざ》が残せるのであれば切断《せつだん》します』と医師《いし》に伝えました」

ケイさんの決断は速かった。膝《ひざ》のあるなし。それは、ケイさんにとって大きな問題だったのだ。

「切断《せつだん》は、完全に自分で決めました。切断《せつだん》前に話したのも家族だけでしたし、それも相談という形ではなく、切断《せつだん》することになったよという報告《ほうこく》のみでしたね」

ここまでの話だと、ケイさんは、すぐに前向きに、義足《ぎそく》になることを受け入れたのだと思われるかもしれない。

だが、そうではなかった。

足を切ることは、ケイさんにとって想像《そうぞう》の及《およ》ばない出来事だった。『まさか自分が義《ぎ》

＊認識——物事や状きょうを正しく理解《りかい》すること。

足《そく》になるとは……』という思いも強かった。ただ、猛《もう》スピードで迫《せま》り来る「膝《ひざ》がなくなる恐怖心《きょうふしん》」で、決断《けつだん》が速かっただけなのだ。

本当の意味で、義足《ぎそく》の自分を受け入れるのには相当な時間がかかることを、このときのケイさんはまだ知らなかった。

初めて義足《ぎそく》で歩く

足を切断《せつだん》してから、わずか二週間後。

走りたい。その一心で、ケイさんは病院でのリハビリはせず、すぐに『義肢装具《ぎしそうぐ》サポートセンター』への入所を決めた。

「たまたま、私《わたし》の主治医が、義肢装具《ぎしそうぐ》サポートセンターとのつながりがあったんです。走りたいと伝えたところ『ちょっとハードだけど、それでも良ければいいところを紹介《しょうかい》するよ』って言われて、すぐに入所を決めました。そのときは、傷口《きずぐち》はふさがっていましたが、断端《だんたん》は落ち着いておらず、むくんでいる状態《じょうたい》でしたね。入所したときは、まだエラスコットというむくみをとるための弾力性《だんりょくせい》のある包帯を巻《ま》いていました」

断端《だんたん》は落ち着かないままだったが、すぐに義足《ぎそく》も作り始めたという。

「まず足を型取《かたど》りします。その型《かた》を使って、ソケットが透明《とうめい》な『仮仮義足《かりかりぎそく》』を作るんですよ。その仮仮義足《かりかりぎそく》が、初めての義足《ぎそく》でした」

ケイさんのいう仮仮義足《かりかりぎそく》とは、仮義足《かりぎそく》を作る前に、ソケットが体に合っているかを調べるために、透明《とうめい》なプラスチックの素材《そざい》を使って作る義足《ぎそく》だ。仮《かり》ソケット、チェックソケットなどと呼《よ》ばれている。透明《とうめい》なので、外側からソケット内部の筋肉《きんにく》や骨《ほね》の様子を観察でき、歩いたときに痛《いた》みが出る場所がないかなど、仮義足《かりぎそく》のための最終調整をすることができる。

ケイさんは、理学療法士《りがくりょうほうし》といっしょに、初めての義足《ぎそく》をはいて外に出た。

「それまでは、義足《ぎそく》をはいたら普通《ふつう》に歩けるんだろうと思っていたんですよ。やはり、残された膝《ひざ》に期待をしていたんですね。膝《ひざ》が残っているんだから、普通《ふつう》に歩けるよな、という感覚です。でも、すぐにはうまく歩けなくて。今思えば、切断前《せつだん》にパラリンピックでスポーツをしている人を見ていた分、なめてかかっていたのかもしれません。理学療法士《りょうほうし》さんからも『最初からうまく歩けたら、みんな苦労しないですよ』と言われちゃいました」

初めて義足《ぎそく》で歩いたとき、どんな点が、ケイさんにとって難《むずか》しかったのだろうか。

「普通《ふつう》に歩くときって、左右の足にどのくらいずつ体重をかけているかなんて意識《いしき》しませんよね。いざ義足《ぎそく》で歩いてみると、義足《ぎそく》にどのくらい体重をかけていいのか、わからなかったんです。どうしても健足に頼《たよ》ってしまいますし。やっぱり、健足に体重をかけた方が楽なんですよ」

健足ばかりに体重をかけてしまうのは、義足《ぎそく》ユーザーの多くがつまずく「義足《ぎそく》の壁《かべ》」だ。ケイさんは、義足《ぎそく》に慣《な》れた今でも、思わず健足に体重をかけてしまうことがあるという。

「疲《つか》れて電車に乗るときなんかは、無意識《むいしき》に健足に体重を乗せてしまいますね。でも、本当は良くないんですよ。健足にばかり負担《ふたん》をかけるのは。だから、今は気付いたら、意識《いしき》して義足《ぎそく》に体重をかけるようにしています」

リハビリの日々

やがてケイさんの義足《ぎそく》は、透明《とうめい》な仮仮義足《かりかりぎそく》から「仮義足《かりぎそく》」へと進んだ。

「仮義足《かりぎそく》をはいてからは、リハビリの毎日ですね。まずは平行棒《へいこうぼう》を使って歩くところから始めました。慣《な》れてきたら平行棒《へいこうぼう》を使わずに、手を上げてバランスをとって歩いたりして、少しずつリハビリのレベルを上げていきます。他にも、段差《だんさ》に上ったり、坂道を歩いたりする練習もしましたね」

入所生活は、リハビリに明け暮《く》れた。

「リハビリは朝9時開始です。リハビリ室に行き、まずは全員でラジオ体操《たいそう》をします。そこからは理学療法士《りょうほうし》さんとともに個別《こべつ》のリハビリメニューに取り組みます。この繰《く》り返しです。

このリハビリの間に、仮義足《かりぎそく》の調整も行いました。私《わたし》の場合は、リハビリをしているときにソケットが*脛骨《けいこつ》に当たって痛《いた》いということがよくありました。そういったことを担当《たんとう》の理学療法士《りょうほうし》さんに伝えて、パッドなどをはってもらい、骨《ほね》に当たらないように仮《かり》義足《ぎそく》を調整してもらいました」

義肢装具《ぎしそうぐ》サポートセンターでは、入所者に栄養士《えいようし》がついて、栄養管理なども行ってくれる。義足《ぎそく》のための体作り、体力作りができるため、ケイさんのように、早く義足《ぎそく》に慣《な》れたいと思っている人には向いている施設《しせつ》だ。一方で、短期間で義足《ぎそく》に慣《な》れるためには、ハードな面もあった。

「健足に体重をかけすぎて、健足がパンパンになってしまいました。やっぱり体重のかけ方がわからなくて、体がどんどんアンバランスになっていくんですよね。どんどん重心が傾《かたむ》き、自分の体なのにすごく気持ち悪く感じました」

片側《かたがわ》にだけ重心をかけていれば、当然、体のバランスはくずれる。これまでスポーツジムでインストラクターをしていたケイさんにとって、義足《ぎそく》をはいて自分の体がどんどんくずれていく感覚は受け入れがたいものであった。それでも、以前のようにスポーツをしたいと思っていたケイさんは、必死にリハビリを続けていくしかなかった。もともと筋力《きんりょく》もあり運動をしていたケイさんでさえも、健足にも義足《ぎそく》にもきちんと体重をかけて歩けるようになったのは、義足《ぎそく》をはいて一か月後のことだったという。ただ歩くだけではなく、義足《ぎそく》でバランス良く歩くというのが相当にたいへんな作業だということがよくわかる。

　またケイさんの場合、フィジカル（身体）面だけでなくメンタル（精神《せいしん》）面でも苦労があった。

「私《わたし》が入所したときは、私《わたし》を入れて七、八人ぐらい入所者がおられました。たまたま大腿義足《だいたいぎそく》の方ばかりで、下腿義足《かたいぎそく》をはいているのが私《わたし》だけだったんです。それが、精神的《せいしんてき》にしんどかったですね。下腿義足《かたいぎそく》の相談をできる相手がいないんですよ。リハビリ中につらさを感じても、自分があぁだこうだ言うのは違《ちが》うなと思ったんです。下腿義足《かたいぎそく》の自

＊脛骨――膝《ひざ》と足首の間にある太い骨《ほね》。足の「すね」の部分。

分はまだ歩きやすい方なのに、弱音なんてはけないなって気持ちになるんですよね。結局、一人で悩《なや》みを抱《かか》えてしまいました。相談できる相手がいなかった。もどかしい気持ちがありました」

孤独《こどく》

さまざまな思いを抱《かか》えながらも、入所して二か月後にケイさんは退所《たいしょ》した。入所中は、自分と同じ義足《ぎそく》をはく仲間がいた。

だが、ここからは孤独《こどく》との闘《たたか》いになる。

「最初に、すごく荒々《あらあら》しい柄《がら》の義足《ぎそく》を作りました。いかつい柄《がら》です（笑）。どんな柄《がら》かは内緒《ないしょ》ですが、まあ、イメージでいうと龍《りゅう》のような柄《がら》です。当時の私《わたし》は、義足《ぎそく》だからといってバカにされたくない、なめられたくない、という思いがあったんです。人を遠ざけるために、あえてその柄《がら》を選んだんですね」

義肢装具《ぎしそうぐ》サポートセンターを卒業し、外の社会に復帰《ふっき》したケイさんだったが、人を遠ざけるように生活していた。

「サポートセンターを退所《たいしょ》するということは、もう社会復帰《ふっき》に向けて、前に進んでくださいという段階《だんかい》です。がんばらなきゃいけないなと思っていました。でも、いざ退所《たいしょ》すると一気に不安になりましたね。

まず街を歩くと、じろじろ見られるわけです。その視線《しせん》が、一気に不安な気持ちを呼《よ》び起こしました。

そのときになって初めて、仲間が支《ささ》えになっていたことに気付きました。下腿義足《かたいぎそく》が自分だけで精神的《せいしんてき》にはつらい面もあったのですが、それでも、同じ義足《ぎそく》の仲間がいたことはすごく大きかったんです。サポートセンターには、私《わたし》よりも先に入所してリハビリをしている方が何人かいらっしゃったんですよ。その人たちの姿《すがた》を見て、『ああ、みんながんばっているから自分もがんばろう』と思えていたんです。リハビリがつらいときも冗《じょう》談《だん》を言って和《なご》ませてくれたり、同じ義足《ぎそく》だからこそ共有できることがあったり、それがすごく支《ささ》えになっていたんですね」

走れるようになった

義肢装具《ぎしそうぐ》サポートセンターに入所中も、退所後《たいしょ》も、ケイさんの心を占《し》めていたのは走りたいという思いだった。

「サポートセンターで、私《わたし》の担当《たんとう》の義肢装具士《ぎしそうぐし》さんは臼井《うすい》さんではありませんでした。生活用の義足は今でもその方に作ってもらっています。ただ、スポーツ用の義足《ぎそく》は臼井《うすい》さんにお願いしています。やはり、日本のスポーツ用義足《ぎそく》の第一人者が臼井《うすい》さんなんですよ」

臼井《うすい》さんは、日本を代表する義肢装具士《ぎしそうぐし》だ。義肢装具士《ぎしそうぐし》としての腕《うで》はもちろん、それだけでなく、スポーツ用の義足《ぎそく》作りにおいて豊富《ほうふ》な経験《けいけん》を持っている。臼井《うすい》さんは、現《げん》在《ざい》のようにパラリンピックなどで多くの義足《ぎそく》ランナーが活躍《かつやく》する前から、スポーツ用義《ぎ》足《そく》の研究や開発に取り組んでいた。臼井《うすい》さんのもとには、全国からたくさんの〝走りたい〟という夢《ゆめ》を抱《かか》える義足《ぎそく》ランナーたちが訪《おとず》れる。

ケイさんも、そんな臼井《うすい》さんに相談して、すぐに義肢装具《ぎしそうぐ》サポートセンターの屋上でスポーツ用義足《ぎそく》を体験することになった。

「走ったのは約四か月ぶりでしたね。『ああ、この感覚だ』っていう懐《なつ》かしさがありました。『そう、これが味わいたかったんだよ』って感じです。

ぎこちないですけど、すぐに小走りはできました。そのときは、まず走れたっていう感動が一番ですね。反面、やっぱり確実《かくじつ》に筋力《きんりょく》が落ちているのがわかったので、ショックもありました。ちゃんと走るためにもがんばろうという気持ちが芽生えてきて、走りたい気持ちがさらに強くなりました」

意を強めたケイさんは、板バネ（スポーツ用義足《ぎそく》）を長期でレンタルし、臼井《うすい》さんが主催《しゅさい》する『スタートラインＴｏｋｙｏ』の練習会に参加した。

「私《わたし》が参加したのは水曜の夜に開催《かいさい》されている『Ｚ会』という練習会です。Ｚ会に通い始めてからは、とても前向きに、ポジティブになりました。自分と気持ちを共有できる仲間と出会えたからです。いっしょに練習もできるし、なんでも相談できる。本当にありがたい場所でした」

Z会には、大会などに参加して競技力《きょうぎりょく》向上を目指す義足《ぎそく》アスリートが、何人も参加していた。走りと真剣《しんけん》に向き合いたいケイさんには、ぴったりな場所だった。自分に合った板バネも見つかった。

「いろいろなメーカーの板バネを試してみて、健足だったころの自分の足の感覚にすごく近い板バネに出会えたときは、最高の気分でしたね。一気に走りやすさが変わりました。今もその板バネで、とても気持ち良く走れています」

ケイさんは大会にも頻繁《ひんぱん》に出場するようになった。大きい大会から小さい大会まで、合わせると一年間に六大会は出場しているという。

走れるようになった。

このことにより、ケイさんは気持ちが前向きになった。

▲陸上競技《りくじょうきょうぎ》用の板バネ。
（2024 世界パラ陸上競技選手権《せんしゅけん》　男子 400m　T62 決勝より）

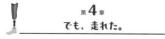

走る以外の苦労

ようやく切断《せつだん》前の充実《じゅうじつ》した生活を取り戻《もど》したケイさん。走る以外の面では、どんな苦労があるか聞いてみた。

「シリコーンライナーに亀裂《きれつ》が入って、破《やぶ》れることが多いんですよ」

シリコーンライナーとは、義足《ぎそく》をはくとき断端《だんたん》に装着《そうちゃく》する、伸縮性《しんしゅくせい》のあるシリコーン製《せい》の靴下《くつした》のようなものだ。固いソケットの内側に装着《そうちゃく》することで、皮ふを保護《ほご》する役《やく》割《わり》がある。

「ライナーは自分の断端《だんたん》に合わせて型《かた》をとって作るんです。型取《かたど》りから始めるので、作るのに手間がかかります」

ソケットと同様にシリコーンライナーも

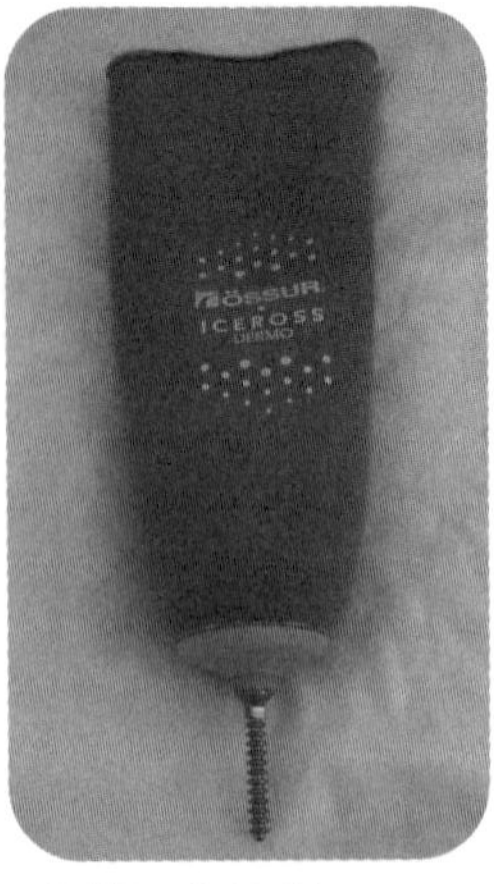

▲シリコーンライナー。
先端《せんたん》のピンで、義足《ぎそく》に装着《そうちゃく》する。

足の断端《だんたん》に合わせて作らなければいけない。しかし、長く使っているとすり減《へ》って破《やぶ》れてしまう。特に、ケイさんのようにアクティブに体を動かしている人は消もうが激《はげ》しく、取り替《か》える*頻度《ひんど》も増《ふ》える。

「運動していると消もうが激《はげ》しいので、だいたい、一年に一度は交かんすることになりますね」

このように、義足《ぎそく》はメンテナンスもたいへんだ。

他にも、下腿義足《かたいぎそく》ならではの苦労もあるという。

「下腿切断《かたいせつだん》は膝《ひざ》がある分、動きやすいんですが、膝《ひざ》が90度ぐらいにしか内側に曲がらないんですよ。ソケットの厚《あつ》みがあるので、曲げようとしてもソケットの後ろの部分が太ももに当たってしまうんです。最新の下腿義足《かたいぎそく》では、足を曲げやすくなっているものもあるんですが、すべてがそうとは限《かぎ》りません。

電車で座《すわ》っているとき、健足ならば、周りの人にぶつからないように足を内側に引っ込《こ》められますが、下腿義足《かたいぎそく》だと90度以上は難《むずか》しいんです。足を投げ出しているつもりは

*頻度——物事が繰《く》り返し起こる度合い。

なくても、そんな前に出すなって感じで、けられたこともあります」

義足《ぎそく》になって変わったこと

義足《ぎそく》で生活するたいへんさを知っていくにつれて、ケイさんの心にもある変化が生じていた。

「自分が義足《ぎそく》になって、他の人に向ける視線《しせん》が変わりましたね。例えば、優先席《ゆうせんせき》に座《すわ》っているときにベビーカーの人を見かけると、『あの人たいへんそうだな』って気持ちが強くわいてきて、すぐに譲《ゆず》ってあげようという気持ちになるんです。以前は、困《こま》っている人を見かけても、どうしようかと迷《まよ》ったりしていました。すぐに譲《ゆず》れるようになったのは、自分が義足《ぎそく》になって、苦労している人のたいへんさがわかるようになったからだと思います。

あと、譲《ゆず》ることって勇気が必要ですよね。

義足《ぎそく》になって最初のころ、私《わたし》は譲《ゆず》られても断《ことわ》っていたんです。けれど、やっぱり、勇気を出して声をかけてくれたこともふくめてうれしいですから、『ありがとうございます』と譲《ゆず》ってもらうようになりました」

ケイさんはもともとスポーツが得意《とくい》で、身体的には、いろいろなことが普通《ふつう》以上にできる人だった。義足《ぎそく》になって、できないことが増《ふ》えたことで、周りに向ける目が以前より優《やさ》しくなったのだ。

できないこと、できること

義足《ぎそく》をはいて新たな一歩を踏《ふ》み出したケイさんは、夢《ゆめ》や目標に向かって日々、前進している。現在《げんざい》、ケイさんは社会人として仕事を続けながら、パラアスリートとしても活動する毎日だ。

だが、両立の難《むずか》しさも感じていた。

「仕事をしながら、練習が続けられる環境《かんきょう》がほしいですね。もう少し社会や企業《きぎょう》に、パラアスリートを活用してほしいと思うことがあります。例えば、企業《きぎょう》の広告《こうこく》としてパラアスリートを利用するとか。

パラアスリートが企業《きぎょう》の名前を背負《せお》って大会に出れば、会社の宣伝《せんでん》になります。特に、パラアスリートは三十代、四十代でも第一線で活躍《かつやく》している人が多いので、活躍《かつやく》する期間も長く、長期間宣伝《せんでん》できます。パラアスリートという障《しょう》がい者を支援《しえん》することで、企《き》業《ぎょう》の姿勢《しせい》を社会に示《しめ》すこともできます。パラアスリートの強みを理解《りかい》して、支援《しえん》してもらえるとうれしいです」

ケイさんは、転職《てんしょく》活動をしている際《さい》に、社会の理解《りかい》の浅さを感じたという。

「老人ホームの面接《めんせつ》を受けたんです。そのとき、『義足《ぎそく》のパーツが金属《きんぞく》なので、水にぬれるとさびるため、高齢者《こうれいしゃ》のシャワーの介助《かいじょ》ができません』と伝えたんです。そしたら、すぐに『無理ですね』と断《ことわ》られてしまいました。

義足《ぎそく》だからできないことはあるけれど、どこまでだったらできるか、代わりに何ができるか、という話をしたかったですね。門前払《もんぜんばら》いという感じですぐに断《ことわ》られてしまい、すごく残念な気持ちになりました。

義足《ぎそく》ユーザーは、全部同じようにはできないかもしれませんが、水が苦手でも工夫しながら日常《にちじょう》生活を送っているので、やり方はあると思うんです。会社と義足《ぎそく》ユーザーで話し合って、互《たが》いに理解《りかい》を深め合う環境《かんきょう》になればいいですね」

ケイさんは、いくつかの会社で似《に》たようなやりとりを経験《けいけん》している。社会や企業《きぎょう》は、義足《ぎそく》ユーザーなど障《しょう》がい者の「できること」ではなく、「できないこと」に目を向けすぎているのかもしれない。

でも、走れた。

スポーツ中心に生きてきたケイさんにとって、走ることは必要不可欠《ふかけつ》だった。

「走れるようになって、自信がつきました。切断《せつだん》したときは、もう以前のようにスポーツができないのではないかと不安でした。

でも、走れた。

できないかもしれないと思っていたことが、できた。

それが自信になったんですね。そうすると自分の気持ちが強くなって、無理に強がらなくて良くなりました。気持ちも少しずつ優《やさ》しくなっていきましたね。それからは、いかつい柄《がら》の義足《ぎそく》もやめてオシャレな義足《ぎそく》をはくようになりました（笑）。

走り始めてからは毎日が生き生きしています。

今思えば、時間が必要だったのかな。時間が経《た》つにつれて落ち着いてくるんですよね。最初のころにあった不安も消えました。あわてずに、これからどうやっていけばいいのか考えられるようになりました」

仕事も趣味《しゅみ》も、すべてスポーツ中心の人生を貫《つらぬ》いてきたケイさんにとって、足を失ったことは、アイデンティティそのものを失うような出来事だった。

走れるようになってようやく、ケイさんは本来の自分を取り戻《もど》し、前を向いて生きていけるようになった。

（第４章・終わり）

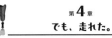

第5章

義《ぎ》足《そく》のイラストレーター

【須川《すがわ》まきこさん】

大阪でイラストレーターとして活動していた須川《すがわ》まきこさんは、20歳《さい》のとき、左足に原発性《げんぱつせい》リンパ浮腫《ふしゅ》を発症《はっしょう》した。左足のむくみとともに生活をしていたが、十年ほど経《た》ったころ、左足の膝下《ひざした》にリンパ浮腫《ふしゅ》の*合併症《がっぺいしょう》である血管肉腫《にくしゅ》を患《わずら》う。2004年末、31歳《さい》のときに左足を太ももから切断《せつだん》することになった。

血管肉腫《にくしゅ》からの切断《せつだん》

始まりは左足の内出血だった。

「今から二十年前の8月ですね。突然《とつぜん》、左足の膝下《ひざした》が内出血したんですよ。足って、歩くたびに膝《ひざ》を動かして皮ふが伸《の》びるでしょう？　それがすごく痛《いた》かったんです。そのうち内出血がだんだん広がって大きくなって。初めは赤かったのが、だんだん紫《むらさき》っぽく変化していったんです。日に日に、すごい速さで広がっていったから、こわい病気じゃないかと思ってすごく不安でした。それで、9月半《なか》ばぐらいには歩くのが耐《た》えられないくらいの痛《いた》さになって。たしか10月には大学病院で精密検査《せいみつけんさ》をしていたと思います。そのとき、これは血管肉腫《にくしゅ》かもしれないって言われたんですよ」

血管肉腫《にくしゅ》とは、血管の細胞《さいぼう》が「がん」化したものだ。悪性《あくせい》の場合は、抗《こう》がん剤《ざい》などで、がんを小さくする治療法《ちりょうほう》がある。須川《すがわ》さんの場合はどうだったのだろう。

「11月半《なか》ばぐらいには、がんセンターに入院しました。病巣*がある場所にもよると思う

＊合併症——ある病気が原因《げんいん》となって起こる別の病気。
＊病巣——体の病的変化の起こっている部分。

んですけど、私《わたし》の場合は、抗《こう》がん剤《ざい》がきかないって言われたんですよ。それに、血管や皮ふの腫瘍《しゅよう》は進行も速いと言われ、すぐに足の切断《せつだん》の手術《しゅじゅつ》をすることになりました」

迷《まよ》っているひまもなく、足の切断手術《せつだんしゅじゅつ》が決まった。

「私《わたし》の場合、もともと左足に原発性《げんぱつせい》リンパ浮腫《ふしゅ》という疾患《しっかん》を持っていて、その合併症《がっぺいしょう》で血管肉腫《にくしゅ》になったんですね。リンパ浮腫《ふしゅ》というのは、*リンパの流れが悪くなって、老廃物《ぶつ》や水分がたまってむくむ病気です。女性《じょせい》がなりやすい病気で、乳《にゅう》がんや子宮がんの手術《じゅつ》をした際《さい》にリンパをいっしょにとることで発生することが多いんです。でも、私《わたし》の場合は、そういった手術《しゅじゅつ》もしていないのに突然《とつぜん》なったので、原発性《げんぱつせい》という言葉がつくんですよ。

発症《はっしょう》したのは20歳《さい》のときでした。それからのおよそ十年間は、左足が右足と比《くら》べて1・5倍ぐらいの大きさでむくんでいたんです。だから、弾力《だんりょく》ストッキングをはいて圧力《あつりょく》をかけたり、寝《ね》る前にマッサージをしたり、寝《ね》るときに足を高くしたりして、むくみをとるようにしていました。

ただ、リンパ浮腫《ふしゅ》は死に至《いた》る病気ではないと言われていました。ただのむくみだから、そこまで大きな心配はしていなかったんですよ。足が太くなるな〜、けど、ロングスカートはいてたら大丈夫《だいじょうぶ》じゃない？　みたいな感じで。

リンパ浮腫《ふしゅ》になったら、まれに合併症《がっぺいしょう》で血管肉腫《にくしゅ》になるかもしれないというのも聞いてはいました。でも、まさか自分がなるとは思ってなかったんですよ。発症《はっしょう》してから十年も経《た》っていて、むくみも落ち着いてきたころでした。だから余計《よけい》に合併症《がっぺいしょう》になるなんて思ってなかったんです。リンパ浮腫《ふしゅ》を持っていても、普通《ふつう》に歩いたり走ったり、旅行もできていましたからね。でも、今思えば、ちょっと体に負荷をかけて遊びすぎたり、体調が悪いときに無理したり、そういうきっかけがあったんじゃないかとは思います」

足の切断《せつだん》を宣告《せんこく》された須川《すがわ》さんは、ショックを受けたものの、前向きな治療《ちりょう》の一つだと思ったという。

「二週間ぐらい免疫力《めんえきりょく》を上げる点滴《てんてき》入院をしてから、12月上旬《じょうじゅん》に手術《しゅじゅつ》をしました。大腿《だいたい》骨《こつ》のちょうど真ん中ぐらいで足を切断《せつだん》しました。

＊リンパ——毛細血管からもれ出した水分で、血液《けつえき》と同じように全身をめぐる。

切断後《せつだんご》は車いす生活でした。でも、歯をみがいたり、売店に行ったりなどは、できるだけ健足の筋力《きんりょく》が落ちないように、松葉杖《まつばづえ》を使って歩いていました。

当時はビリビリとしびれる幻肢痛《げんしつう》がありましたね。断端《だんたん》の先に電気を当てたり、たたいたりさすったりで刺激《しげき》を与えて、しびれを緩和《かんわ》していました。その他には、簡単《かんたん》な腹筋《ふっきん》をしたり、リハビリの先生が足を伸《の》ばしてくれたりという生活でしたね。

入院中も、やはり絵は描《か》いていました。

イラストの仕事もしていたんですけど、同時に足のない女性《じょせい》の絵も描《か》き始めました。ちょうどクリスマスシーズンだったんで、きらびやかな義足《ぎそく》の女性《じょせい》の絵を描《か》きました。私《わたし》がそういう絵を見たかったんですよ。義足《ぎそく》でも素敵《すてき》なファッションの絵があったらいいなと思ったんです」

イラストレーターの須川《すがわ》さんは、足を切断《せつだん》した自分を受け入れるために、義足《ぎそく》の女の子の絵を描《か》き始めた。今でも彼女《かのじょ》は、義足《ぎそく》や足のない女性《じょせい》を描《か》いている。原点はこのときだった。

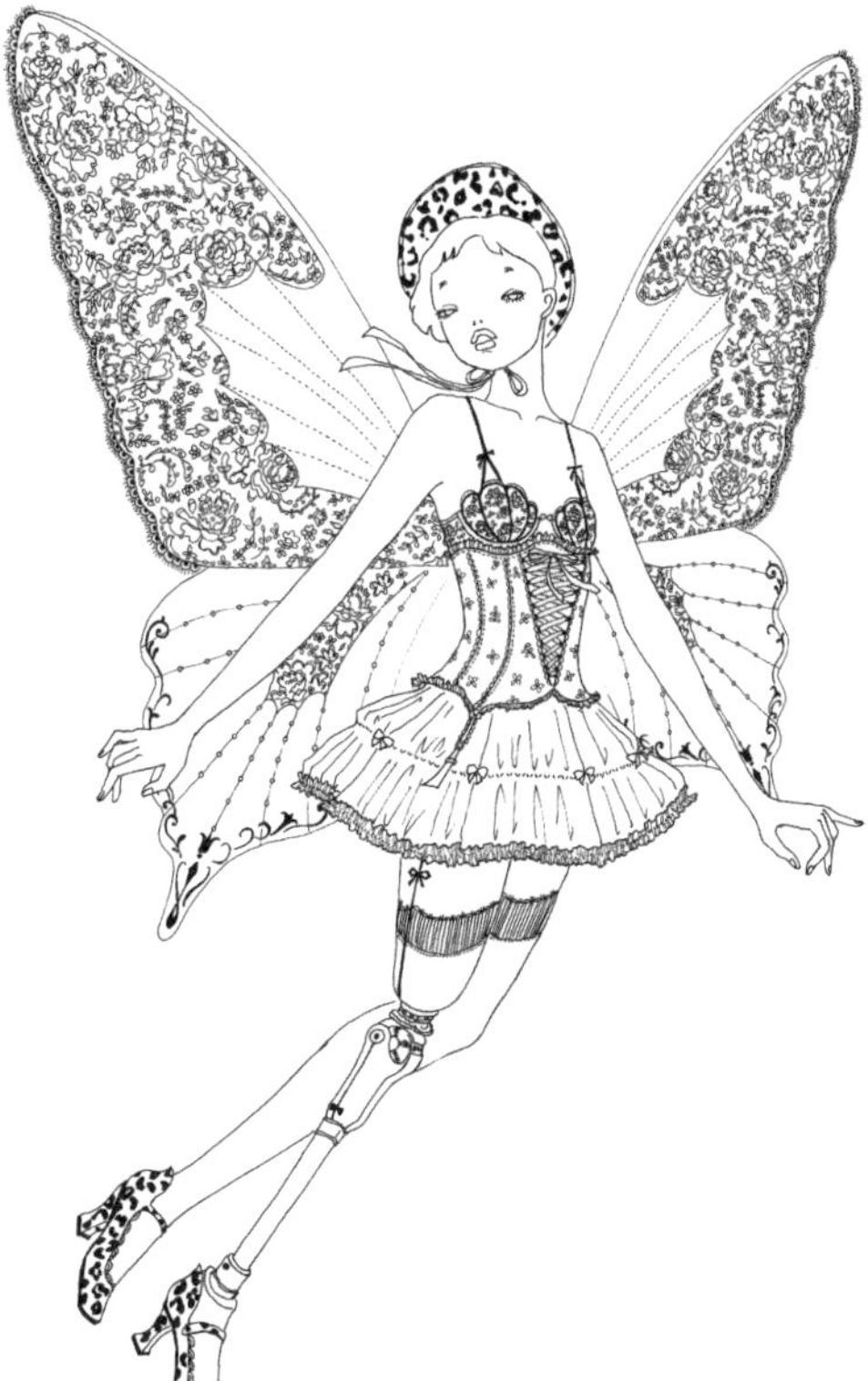

▲須川《すがわ》さんが描《か》いた義足《ぎそく》の女の子のイラスト。

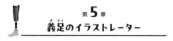

義足《ぎそく》でのリハビリ

「12月末に退院《たいいん》しました。退院《たいいん》するとき『車いすが必要ですか？』と聞かれたんですけど『大丈夫《だいじょうぶ》です』と両松葉の生活を選びました。年末年始は実家で過《す》ごし、年が明けたらまた、免疫力《めんえきりょく》を上げるための点滴《てんてき》入院を二週間ほどしていました。

その最中に、義肢装具《ぎしそうぐ》を作っている業者さんが、できあがった大腿義足《だいたいぎそく》を持って病院に来てくれたんですよ。足の型取《かたど》りをしていた義足《ぎそく》ができあがったんです」

それから、義足《ぎそく》をはいての本格的《ほんかくてき》なリハビリが始まった。

「すぐには歩けませんでしたね。平行棒《へいこうぼう》につかまったり、リハビリの先生につかまったり、松葉杖《まつばづえ》を使ったりしながら歩いていました。そのころは退院《たいいん》していたので、二、三か月ぐらい、通院しながらのリハビリ生活です。

リハビリもたいへんだったんですけど、一番たいへんだったのはメンタルですね。私《わたし》が通っていた病院は、義足《ぎそく》が自分だけだったんですよ。私《わたし》だけ義足《ぎそく》か……みたいに思って、すごく孤独《こどく》でした」

ひとりぼっちの孤独《こどく》なリハビリ生活を過《す》ごした須川《すがわ》さん。しかし、あるきっかけで、他の義足《ぎそく》の仲間たちと出会うことができた。

義足《ぎそく》の仲間

点滴《てんてき》入院、その合間にリハビリという生活を繰《く》り返し、大腿義足《だいたいぎそく》にも慣《な》れてきたころ、須川《すがわ》さんは、他の義足《ぎそく》ユーザーに会う機会ができた。

「4月ぐらいですかね。ようやく義足《ぎそく》で通勤《つうきん》したり、電車に乗って軽く行楽もできるようになったりしたころ、また点滴《てんてき》入院しました。ちょうどそのときに、テレビで大腿義足《だいたいぎそく》のパラリンピアンである大西瞳《おおにしひとみ》ちゃんが、ミニスカートをはいて街を歩くドキュメンタリーを見たんです。その番組で、瞳《ひとみ》ちゃんは大腿義足《だいたいぎそく》をはいてさっそうと歩いていました。とても美しいリアルな義足《ぎそく》で、だれも義足《ぎそく》だなんてわからないなと思ったんですよね。

その義足《ぎそく》を作ったのは、臼井二美男《うすいふみお》さんでした。そのとき、私《わたし》はまだ仮義足《かりぎそく》だったんですけど、ぜひ臼井《うすい》さんに、きれいな本義足《ほんぎそく》を作ってもらいたいと思ったんです。それで、臼井《うすい》さんに『義足《ぎそく》を作ってほしい』って連絡《れんらく》をしたんですよ。快《こころよ》く承諾《しょうだく》してくれました」

その年の6月、大阪市長居《ながい》の陸上競技場《きょうぎじょう》でパラアスリートの陸上大会が開かれた。その大会には臼井《うすい》さんも、義肢装具士《ぎしそうぐし》として参加する。それを聞いた須川《すがわ》さんは、そこで臼井《うすい》さんと顔合わせをすることになった。

「臼井《うすい》さんは、陸上チームの仲間十人ぐらいと大阪に来たんです。私《わたし》はカフェで合流したんですけど、私《わたし》が着いたときはみなさん座《すわ》っていて足もよく見えなかったですし、杖《つえ》を持っている人もいなかったので、この中のだれが義足《ぎそく》なんやろって思いながらお話ししていました。みなさんは、いかに一秒でも速く走れるかっていう話題でおしゃべりしていましたね。で、会計するときに足を見たらびっくり。全員が義《ぎ》足《そく》だったんですよ。

それはすごい衝撃《しょうげき》でした。

うれしい衝撃《しょうげき》でしたね。義足《ぎそく》でも元気で生き生きとしている人を間近で大勢《おおぜい》見たので、やっぱりすごくはげまされて、しばらくはずっと、両親とか、友達とか、仕事仲間とかみんなに、その衝撃《しょうげき》を話し込《こ》んでいました。すごく元気な義足《ぎそく》の人たちと出会ったよって（笑）」

この出会いがきっかけで、須川《すがわ》さんは、臼井《うすい》さんや義足《ぎそく》ユーザーの仲間とつながりを持っていく。

ただ、このころ須川《すがわ》さんは、一つ気になる悩《なや》みを抱《かか》えていた。

「切断《せつだん》した左足が炎症《えんしょう》していたんです。臼井《うすい》さんも、足が熱を持ってるから、炎症《えんしょう》が治まったら東京においでって言ってくれたんですけど……」

須川《すがわ》さんは、臼井《うすい》さんに本義足《ほんぎそく》を作ってもらうことを楽しみにしていた。

しかし、その願いがかなうことはなかった。

再発《さいはつ》と重い決断《けつだん》

大腿義足《だいたいぎそく》をはいて半年ほど生活したころのことだった。須川《すがわ》さんは、血管肉腫《にくしゅ》を再発《さいはつ》してしまう。太ももにできた炎症《えんしょう》は、治まる気配がなかった。

「切断《せつだん》した太ももが真っ赤に腫《は》れてきたんですよ。最初は、ちょっと炎症《えんしょう》してるな、くらいに思ってたんです。でも、ただの炎症《えんしょう》にしては変な痛《いた》みがあるなと思ったので、病院に行って先生に診《み》てもらったんですよね。そしたら、一応《いちおう》、組織《そしき》を採《と》った方がいいということになり、一週間ほど入院することになったんです。で、採取《さいしゅ》した組織《そしき》を病理検*査《けんさ》に出したら再発《さいはつ》が見つかったんです」

一度は完治したと思われたものの、血管肉腫《にくしゅ》は再発《さいはつ》してしまった。ここで須川《すがわ》さんは、重い決断《けつだん》を迫《せま》られる。

「次に切断《せつだん》する場合は、*骨盤《こつばん》から足を切断《せつだん》することになると言われました。足を切ることには変わりはないんですが、骨盤《こつばん》から大腿骨《だいたいこつ》を外す手術《しゅじゅつ》なので、切断手《せつだんしゅ》術《じゅつ》じゃなくて離断手術《りだんしゅじゅつ》って呼《よ》ばれるんです。股関節《こかんせつ》離断手術《りだんしゅじゅつ》です。膝関節《ひざかんせつ》だけでなく、股関節《こかんせつ》もなくなるんですよ。

先生からは『無理に手術《しゅじゅつ》をしなくてもいいのでは？』と言われました。股関節離断手《こかんせつりだんしゅ》術《じゅつ》をして長く入院しても、いつ再発《さいはつ》するかわからない。すでに他の場所にも転移《てんい》している可能性《かのうせい》もある。だったら手術《しゅじゅつ》を決断《けつだん》せず、つまり、完治はあきらめて、残された人生を楽しむという選択肢《せんたくし》もあるよと。そう言われたんです。

その話は母も聞いていて『もう、無理して手術《しゅじゅつ》しなくてもいいんじゃない？』と言っていましたね。母の気持ちとしては、もう、まきこは終わり。せめておだやかな余生《よせい》を……みたいな感じで。いたたまれない気持ちだったと思います」

医師《いし》の診断《しんだん》は、無理して手術《しゅじゅつ》をせずに、残された人生を楽しむ方が良いのではないかというものだった。それだけ、再発《さいはつ》の可能性《かのうせい》も高く、難《むずか》しい手術《しゅじゅつ》だということだ。また、見せられた股関節義足《こかんせつぎそく》の映像《えいぞう》も、須川《すがわ》さんを追いつめる。

「股関節《こかんせつ》がなくなると、股関節義足《こかんせつぎそく》をはくことになります。義足《ぎそく》の業者さんが股関節義《こかんせつぎ》

＊病理検査――がんなどの疑《うたが》いのある部位の組織《そしき》や細胞《さいぼう》を採取《さいしゅ》して、どんな病気かを調べる検査。
＊骨盤――お尻《しり》や腰《こし》まわりの骨《ほね》のこと。上半身を支《ささ》えるほか、足のつけねの「股関節《こかんせつ》」がついている。

足《そく》の映像《えいぞう》を見せてくれたんです。でも、その姿《すがた》が、かなりつらいものだったんですよね。高齢《こうれい》のおばあさんが、分厚《ぶあつ》い股関節義足《こかんせつぎそく》を使ってよたよた歩いている姿《すがた》でした。いくら手術《しゅじゅつ》がうまくいっても、今後、この分厚《ぶあつ》い義足《ぎそく》を引きずって歩くのかと思うと結構《けっこう》ショックでしたね」

映像《えいぞう》を見て悩《なや》んだ須川《すがわ》さんは、臼井《うすい》さんに相談した。

「『股関節義足《こかんせつぎそく》って、あんな分厚《ぶあつ》いものしか作れないんですか?』って聞いたんですよ。すると臼井《うすい》さんは『いやいや、そんなことはない。股関節義足《こかんせつぎそく》でも、会社の営業部《えいぎょう》で走り回ってる人や、お子さんを産んで子育てしている人や、ジーンズをはいてカッコ良く歩いてる人もいて、みんなはつらつと元気に生活してるよ』って教えてくれたんです。それで、当時はスマホがなかったので、臼井《うすい》さんがデジカメで撮《と》った股関節義足《こかんせつぎそく》の方々の映像《えいぞう》を、病院にビデオテープで送ってくれたんですね。そしたらたしかに、股関節義足《こかんせつぎ》の方が杖《つえ》も持たずに坂道や階段《かいだん》を歩いている姿《すがた》がそこにあったんですよ。ダボダボな服で足を隠《かく》すこともなく、ぴちっとしたスリムなズボンをはいている姿《すがた》にも驚《おどろ》きましたね。臼井《うすい》さんのビデオテープを見たら、やる気がおきました。こんな風に股関節義足《こかんせつぎそく》でもさっそうと歩けるなら、もう一回、手術《しゅじゅつ》をやろうって思ったんです」

再発《さいはつ》の可能性《かのうせい》が消えたわけではない。

だが、臼井《うすい》さんの作った股関節義足《こかんせつぎそく》をはき、元気に歩く股関節義足《こかんせつぎそく》のユーザーの姿《すがた》から、須川《すがわ》さんは勇気をもらった。

「大腿切断《だいたいせつだん》から股関節離断《こかんせつりだん》になるまでの間に、いろんな出会いがあったんです。八か月ぐらいの間でいろんな人と出会いました。困難《こんなん》を抱《かか》えても、一生懸命《いっしょうけんめい》、元気に生きている人たちにたくさん会いました。その間、義足《ぎそく》にも慣《な》れなきゃいけないし、死の危険《きけん》も隣《とな》り合わせにありました。だから、『一日一日を大事にせなあかんねんな』と強く思いながら過《す》ごしていましたね」

多くの出会いがあったからこそ、再《ふたた》び手術《しゅじゅつ》を受ける気持ちになれた。

その年の7月25日、須川《すがわ》さんは股関節離断《こかんせつりだん》の手術《しゅじゅつ》をした。

プラスになるんだ

股関節離断《こかんせつりだん》の手術後《しゅじゅつ》、一か月ほど入院した須川《すがわ》さんは、臼井《うすい》さんの所属《しょぞく》する「鉄道弘《こう》済会義肢装具《さいかいぎしそうぐ》サポートセンター」へ入所するため、両松葉をつきながら東京へとやって来た。

「入所してすぐに足の状態《じょうたい》を診《み》てもらい、型取《かたど》りをしました。その後、三日ぐらいリハビリ施設《しせつ》で健足を動かしながら過《す》ごしているうちに、仮義足《かりぎそく》が完成しました。ここでは、本当にすぐに義足《ぎそく》ができあがるんです。早いんですよ。さすがですね」

それから三週間ほど、須川《すがわ》さんは義足《ぎそく》をはいてリハビリを行った。

「平行棒《へいこうぼう》につかまって歩く練習をしたり、段差《だんさ》を上がる練習をしたりしました。もちろんリハビリの先生の話は大事なんですけど、一番勉強になったのは、仲間の歩く姿《すがた》です。それを見てがんばろうと思えたことが、私《わたし》にとってはリハビリするうえで、すごく重要でした。

高齢者《こうれいしゃ》の方から子どもまで、がんばって練習している仲間の姿《すがた》を見ると、ここからみんないっしょにスタートしていくんだ、私《わたし》もがんばろうって思えたんですよ。みんなの姿《すがた》を見たときに、自分が足を失ったばっかりのころからずっと抱《かか》えていた『足がないことへのマイナスイメージ』が一気に消えたんです。みんなマイナスじゃなくてゼロなんだ。ここからスタートしてプラスになるんだって思ったら、その瞬間《しゅんかん》、自分の気持ちが奮《ふる》い立ったんです」

須川《すがわ》さんは、仲間から力をもらって、股関節義足《こかんせつぎそく》での生活に心も体も慣《な》らしていくことができた。

股関節義足《こかんせつぎそく》での生活

2005年の9月、恐《おそ》れていた再発《さいはつ》が、腰骨《こしぼね》に発見された。

「さすがに腰骨《こしぼね》に見つかったときは、もうダメかと思いました。でも、ここは幸い放射《ほうしゃ》線《せん》が効《き》いたんですよね。発見から11月まで二か月間、病巣に放射線《ほうしゃせん》を当てて治りました。それで再発《さいはつ》は最後ですね。ずっと、がんとのイタチごっこだったんですけど、おかげさまでなんとか今も元気でやれています」

それ以来は再発《さいはつ》もなく、須川《すがわ》さんは股関節義足《こかんせつぎそく》を使いながら健康に暮《く》らしている。

現在《げんざい》はすっかり使い慣《な》れたという、股関節義足《こかんせつぎそく》について聞いてみた。

「大腿義足《だいたいぎそく》の場合は、まず透明《とうめい》な仮《かり》ソケットから作ったんですけど、股関節義足《こかんせつぎそく》では仮《かり》ソケットは必要ありません。足をはめるわけではないから、足の太さに合わせての細かい調節がいらないんですよね」

股関節義足《こかんせつぎそく》は、大腿義足《だいたいぎそく》や下腿義足《かたいぎそく》のように、足の残された部分に装着《そうちゃく》するわけではない。ベルトのように腰《こし》に巻《ま》き、義足《ぎそく》全体を体にぶら下げるように装着《そうちゃく》する。

「装着《そうちゃく》するときはすごく楽なんですよ。マジックテープで腰《こし》にベルトを巻《ま》くように留《と》めるだけなんです。下腿義足《かたいぎそく》や大腿義足《だいたいぎそく》だと足に圧力《あつりょく》をかけながら義足《ぎそく》をはめるので、何回も押《お》して義足《ぎそく》をつけます。足がむくんでいるときなんかは、すごく装着《そうちゃく》に時間がかかるんですよ。でも、股関節義足《こかんせつぎそく》の場合は、テープをつけるだけなのですごく楽です。朝もすぐに装着《そうちゃく》できますし、疲《つか》れて家に帰っても、すぐにポンッと外せますしね」

股関節義足《こかんせつぎそく》が、他の義足《ぎそく》よりも使い勝手が良いのは装着《そうちゃく》だけではない。

「体重が変動しても全然問題ないですね。下腿義足《かたいぎそく》や大腿義足《だいたいぎそく》だと、太ったから入りづらいってこともあるんです。そういう場合って、シリコーンライナーやソケットごと作

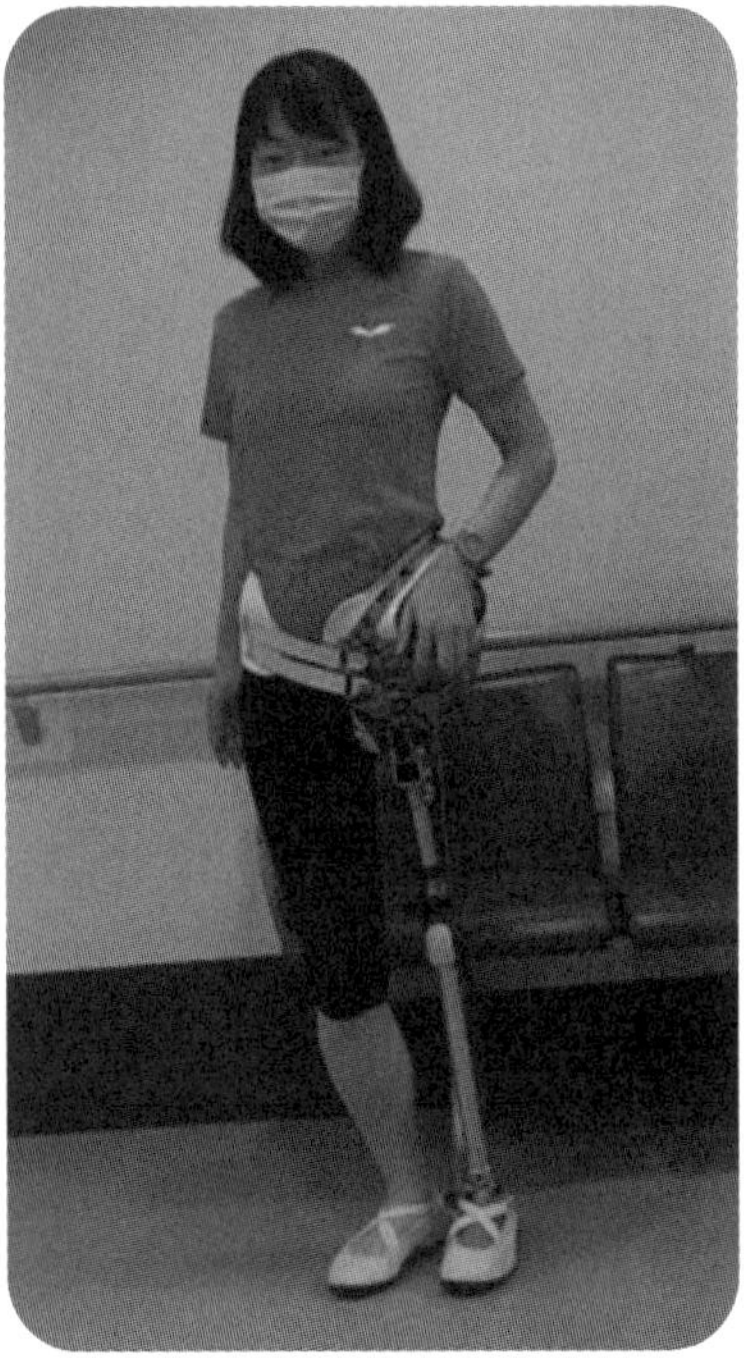
▲股関節義足《こかんせつぎそく》をはいた須川《すがわ》さん。
マジックテープで装着《そうちゃく》している。

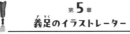

り直します。でも、股関節義足《こかんせつぎそく》だとサイズが合わなくなることがないんですよ。冬は太りやすいといった体質《たいしつ》の方は、冬の間だけマジックテープを緩《ゆる》めればいいですし、今日はちょっと食べすぎて腰《こし》まわりが太いという場合も、同じく緩《ゆる》めればいいだけですから。なので、壊《こわ》れない限《かぎ》り交かんもしないですね。私《わたし》の場合、この十年ぐらいは交かんしてないです」

さまざまな点で、股関節義足《こかんせつぎそく》は、下腿義足《かたいぎそく》や大腿義足《だいたいぎそく》とは使い方が異《こと》なる。立ち方にもずいぶん違《ちが》いがあるようだ。

「肌色《はだいろ》の外装《がいそう》で義足《ぎそく》をおおっていますが、この外装《がいそう》を外すと、股関節義足《こかんせつぎそく》は一本のパイプのようなものですね。パイプにソケットがついているイメージです。パイプの上のソケットにお尻《しり》を乗せることで立っています」

股関節義足《こかんせつぎそく》は、お尻《しり》を乗せて使う。そのため、下腿義足《かたいぎそく》や大腿義足《だいたいぎそく》のように義足《ぎそく》で立つというより、義足《ぎそく》の上に座《すわ》るという感覚なのだろうか。

「そうですね。イメージは座《すわ》るところが半分しかない『いす』ですね。だから、電車の中なんかで疲《つか》れたときは、義足《ぎそく》側に体重をかけるんです。それで、半分のいすに座《すわ》るような姿勢《しせい》で過《す》ごしています」

股関節義足《こかんせつぎそく》はいすのようなイメージだから、義足《ぎそく》側に体重をかけた方が楽になる。これも下腿義足《かたいぎそく》や大腿義足《だいたいぎそく》とは異《こと》なる点だ。

歩き方についても聞いてみた。

「歩くときって、骨盤《こつばん》を前に出すと、股関節義足《こかんせつぎそく》も振《ふ》り子のように前に出てくるんです

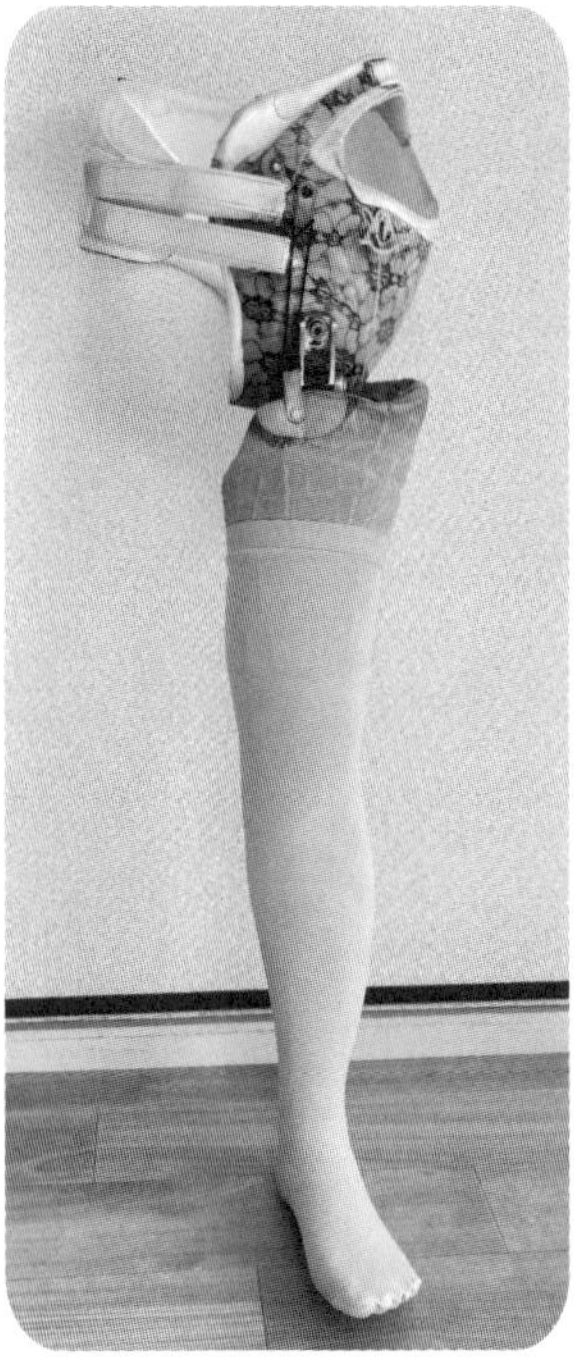

▲須川《すがわ》さんの股関節義足《こかんせつぎそく》。足の部分は、一本のパイプのようになっている。

よ。健足を前に出し、骨盤《こつばん》を前に出して、それに義足《ぎそく》が振《ふ》り子のようについてくる感じです。私《わたし》の場合は、固定膝《こていひざ》にしているので膝折《ひざお》れもしませんから、すごく歩きやすいですね」

固定膝《こていひざ》とは、膝関節《ひざかんせつ》を曲げないように固定することだ。

「ロックがあるんですけど、私《わたし》は歩くときはそこをロックして膝《ひざ》を固定しています。座《すわ》るときはロックを外して膝《ひざ》を曲げます。

固定しないのは、遊動膝《ゆうどうひざ》といいます。遊動膝《ゆうどうひざ》で歩いたこともあるんですが、思わぬところで膝《ひざ》がカクンと折れてしまう不安があるんです。いたずらで〝膝《ひざ》カックン〟というのがありますが、あんな感じですね。だから私《わたし》は、膝折《ひざお》れしない安心感のために固定膝《こていひざ》を選んでいます。

おそらく八割《わり》ぐらいの方が、遊動膝《ゆうどうひざ》にしていると思います。高齢《こうれい》の方などは固定膝《こていひざ》ですが、若い方は遊動膝《ゆうどうひざ》が多いですね。遊動膝《ゆうどうひざ》は、歩きながら骨盤《こつばん》を前後することによって、膝《ひざ》が自動で曲がってくれるんです。股関節義足《こかんせつぎそく》で走っている方なんかは、遊動膝《ゆうどうひざ》ですね」

固定膝《こていひざ》と遊動膝《ゆうどうひざ》の違《ちが》いは、膝《ひざ》を伸《の》ばしたまま歩くか、膝《ひざ》を曲げて歩くかという点にある。膝《ひざ》以外の仕様は変わらないため、人それぞれの好みで選んでいるようだ。須川《すがわ》さんに限《かぎ》らず、義足《ぎそく》ユーザーは自分の体に合わせて工夫しながら義足《ぎそく》と付き合っている。

「私《わたし》の場合は、松葉杖《まつばづえ》を一本持って生活しています。杖《つえ》やステッキを持っている方もいるんですけど、松葉杖《まつばづえ》の方《ほう》が、体をしっかり支《ささ》えてくれる安心感があります。股関節義《こかんせつぎ》足《そく》は、歩くときにちょっとぶれる感じがするんですよ。このぶれを修正《しゅうせい》しながら歩こうとすると健足にもすごく負担《ふたん》がかかるので、松葉杖《まつばづえ》を使うんです。楽なので、出かけるときはいつも使っています。

あと、私《わたし》が今使っている股関節義足《こかんせつぎそく》は、ボタンを押《お》すと足部のかかとが5センチ上がるんです。これは歩くための機能《きのう》というわけでなく、5センチヒールの靴《くつ》まではけるようにと、臼井《うすい》さんが作ってくださいました」

義足《ぎそく》もすべて同じというわけではなく、自分に合わせてカスタマイズすることが可能《かのう》だ。特に須川《すがわ》さんのような長く義足《ぎそく》をはいているユーザーは、自分らしくカスタマイズして使っている人も多い。値段《ねだん》はかかるものの、地面の角度に合わせて、足部がコンピュータ制御《せいぎょ》され自動で動いてくれる義足《ぎそく》もあるという。

股関節義足《こかんせつぎそく》での苦労

股関節義足《こかんせつぎそく》には、どのような苦労があるのだろうか。

「他の人はそうでもないらしいんですが、私《わたし》は慣《な》れるのに時間がかかりましたね。骨格《こっかく》とか、体力とかの違《ちが》いがあると思うんですけど、私《わたし》の場合はすごく坐骨《ざこつ》*が痛《いた》かったんです。座《すわ》ったら骨《ほね》がコリコリする感じがして慣《な》れるまではたいへんでした。

股関節義足《こかんせつぎそく》の場合、坐骨《ざこつ》で体重を支《ささ》えるわけです。足でいえば、かかとと同じような役割です。そこの皮ふが擦《す》りむけたり、かさぶたができたりしていたので、やっぱり痛《いた》いですよね。お尻痛《しりいた》い、お尻痛《しりいた》いと思いながら我慢《がまん》して歩いていましたね。

でも、私《わたし》の後から股関節義足《こかんせつぎそく》をはいた人が、私《わたし》よりも早い時間ではきこなしていましたし、すぐに走ったり、スポーツもしたりしていました。本当に人によって違《ちが》うんですね。義足《ぎそく》をはいて一か月ぐらいで、ぴょんぴょんって跳《と》ぶ方もいるんですよ。私《わたし》は、いまだに走れないですけど」

股関節義足《こかんせつぎそく》をはき慣《な》れた今では、もう痛《いた》みもないという。

「慣《な》れてしまったら義足《ぎそく》も楽ですね。私《わたし》ももう義足歴《ぎそくれき》二十年なので、不便なことはあげる方が難《むずか》しいぐらい快適《かいてき》です」

ふだんのケアも、股関節義足《こかんせつぎそく》の方が大腿義足《だいたいぎそく》よりも楽だという。

「下腿義足《かたいぎそく》や大腿義足《だいたいぎそく》だと、毎日、シリコーンライナーを洗《あら》います。私《わたし》も大腿義足《だいたいぎそく》のときに、シリコーンライナーを洗《あら》っていたんですが、すごくめんどうくさかったです。それが、必要ないんですよね」

下腿義足《かたいぎそく》と大腿義足《だいたいぎそく》では、膝関節《ひざかんせつ》のない大腿義足《だいたいぎそく》の方が扱《あつか》いにくく、生活するうえで不便だった。そのことから、股関節《こかんせつ》すらない股関節義足《こかんせつぎそく》はかなり不便なのだろうと予想

＊坐骨——お尻《しり》の下に位置する骨《ほね》。座《すわ》るときに体重を支《ささ》える。

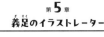

していたが、須川《すがわ》さんの話を聞くと、必ずしもそうとは言えなさそうだ。

「大腿義足《だいたいぎそく》と股関節義足《こかんせつぎそく》の両方を経験《けいけん》した私《わたし》の感覚では、日常《にちじょう》生活で関節の数による大きな変化は感じないですね。

ただ、運動するとなったら別かなと思います。膝機能《ひざきのう》があるだけで、陸上でも水泳でも、速さが変わりますからね」

関節《かんせつ》の有無も、人によって重要度が変わってくる。

スポーツをしない須川《すがわ》さんのような人にとっては、足の関節が一つ多いことのメリットよりも、メンテナンスなどの面で、ふだんの生活が楽というメリットの方が大きいのだろう。

他に、股関節義足《こかんせつぎそく》をはくうえでの苦労として、ソケットが蒸《む》れやすい、高いところの荷物を取るときに台に乗るとぐらつくなどもあるそうだが、工夫して過《す》ごしていれば生活に支障《ししょう》が出るほどではないという。

滑《すべ》りやすい義足《ぎそく》

下腿義足《かたいぎそく》や大腿義足《だいたいぎそく》の人が苦手という水場についてはどうだろうか。

「水場は、一番気を付けている場所ですね。ふだんから、雨の日はすごく慎重《しんちょう》に歩いています。

でも一度、雨の日にカフェに入ったときに転倒《てんとう》したんですよ。店の中に入ってほっとして、水でぬれてツルツルになっていた床《ゆか》で思いっきり滑《すべ》って倒《たお》れたんです。体のコントロールもきかずに、床《ゆか》に落ちるような形で転びました。股関節義足《こかんせつぎそく》の場合は足の筋肉《きんにく》が少ないので、滑《すべ》ったとき、踏《ふ》ん張《ば》れずに倒《たお》れてしまうんです。それで坐骨《ざこつ》を打って動けなくなってしまって。『あかん、もうこれ重症《じゅうしょう》や』と思って、すぐにタクシーで病院に行きました。そしたら、骨盤《こつばん》の小さな骨《ほね》が折れてましたね。

それ以来、雨の日はさらに気を付けるようにしています。先ほどのカフェの床《ゆか》もそうですが、アスファルトなどの外の道よりも、危《あぶ》ないのは水滴《すいてき》があるツルツルな床《ゆか》ですね。

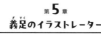

雨の日に限《かぎ》らず、そうじした後の床《ゆか》や、トイレの洗面所《せんめんじょ》とかはぬれていますから、滑《すべ》りやすいんです。室内だと油断《ゆだん》しちゃうんですよね。そういうときに、ふっと滑《すべ》るのでこわいです。

それから、落ち葉の上もけっこう滑《すべ》ります。いちょうの葉は油がついているので、踏《ふ》んだら滑《すべ》ることがありますよ」

須川《すがわ》さんは、義足《ぎそく》仲間で温泉《おんせん》旅行やプールに行ったときも、滑《すべ》るので気を付けているという。

「温泉《おんせん》では、義足《ぎそく》のまま、できるだけ浴室のぬれていないところを歩きます。湯船まで行ったら義足《ぎそく》を外して、ぬれないところに置いて湯船に入ります。他の義足《ぎそく》の方には、お風呂《ふろ》のいすに座《すわ》りながら、いすごと移動《いどう》して湯船に行く方もいますね。

大西瞳《ひとみ》ちゃんのような身体能力《のうりょく》の高い方は、けんけんで湯船に行くんですよ。滑《すべ》らないコツがあるみたいです。でも、私《わたし》は水場で滑《すべ》ったことがあるし、水場で滑《すべ》って頭を打った人の話も聞いたことがあるので、けんけんで行くなんてこわくてとても無理ですけどね。お風呂《ふろ》の入り方も人それぞれ、みんな自分の障《しょう》がいや体に合わせて工夫してやっています」

　プールについても同様で、プールサイドまで義足《ぎそく》をはいて移動《いどう》し、ぬれない場所に義《ぎ》足《そく》を置いてプールに入るという。どうやって泳ぐのかも聞いてみた。

「私《わたし》はけっこう、クロールで泳ぎますね。水は浮《う》くので、足がなくても楽ですよ。子どものころから水泳をしている人は、足がなくてもすごく速いですね。

ただ、クロールは足のあるなしにあまり左右されないですが、平泳ぎは足がメインになるので、ちょっと難《むずか》しいかなと思います」

　水泳もアクティブにこなす須川《すがわ》さんは、股関節義足《こかんせつぎそく》だからといって、日々の生活に大きな苦労はないという。

「松葉杖《まつばづえ》を使いながらですが、明治神宮や新宿御苑《ぎょえん》で、一日一万歩くらい疲《つか》れずに歩きましたよ。本当に股関節義足《こかんせつぎそく》での不便はないです」

義足《ぎそく》のイラストレーター

イラストレーターとして活躍《かつやく》している須川《すがわ》さん。義足《ぎそく》になる前と後で、仕事に違《ちが》いがあるかを聞いてみた。

「義足《ぎそく》になる前は、ファッションをテーマに絵を描《か》くのが好きだったんです。ファッション誌《し》のさし絵なんかをよく描《か》いていました。

義足《ぎそく》になってからは、義足《ぎそく》の女性《じょせい》を描《か》いたり、身体《からだ》のパーツをテーマに描《か》いたりすることも増《ふ》えましたね。やっぱり絵って、自分の身近なものがテーマになるんですよ。最初は義足《ぎそく》になった自分を癒《い》やすために描《か》き始めたんですけど、だんだんと、義足《ぎそく》の女性《じょせい》への応援《おうえん》のつもりで描《か》くようになりました」

もともと、ファッションのイラストを中心に描《か》いていた須川《すがわ》さん。それは今でも変わらないのだが、描《か》くうえでの意識《いしき》に大きな変化があったそうだ。義足《ぎそく》になる以前は、ファッションのために身体《からだ》を描《か》いていたという。身体《からだ》は、素敵《すてき》な衣装《いしょう》を着せるためのものだった。

それが、義足《ぎそく》になった後は、まず身体《からだ》からという意識《いしき》に変わった。身体《からだ》を描《か》くという意識《いしき》が先にあって、そこに衣装《いしょう》が付加されるのだ。ファッションは、身体《からだ》を素敵《すてき》に見せるためのものになった。

「こんな風に身体《からだ》を描《か》くようになったのは、ある人形に影響《えいきょう》を受けたことも大きいんです。病気になった当時、勤《つと》めていた大阪のデザイン事務所《じむしょ》には、デザイン関係の本がいっぱいありました。その中に、三浦悦子《みうらえつこ》さんという方の『球体関節人形』の本が何冊《なんさつ》かあったんです」

球体関節人形とは、関節が球体で形成されている人形のことだ。三浦《みうら》さんは、球体関節人形を作っている人形作家だった。

「三浦《みうら》さんの作品を初めて見たときは、自分の知っている人形のイメージとは違《ちが》っていて、すごく驚《おどろ》きましたね。『強《きょう》れつやな。こんな世界もあるんやな』と思ったんです。

そんなとき、たまたま三浦《みうら》さんの展覧会《てんらんかい》が大阪で開催《かいさい》されたんです。足を切断《せつだん》したば

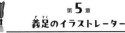

かりで、まだ義足《ぎそく》も作ってなかったんですけど、その展覧会《てんらんかい》に三浦《みうら》さんのファンだった上司といっしょに松葉杖《まつばづえ》で行きました」

展覧会《てんらんかい》には、三浦《みうら》さんの作品がたくさん並《なら》んでいた。その中には、松葉杖《まつばづえ》を持った人形や、包帯を巻《ま》いた人形もあった。

「『自分の身体《からだ》は、この人形に近いな』と思いました。松葉杖《まつばづえ》を持っていたし、まだ手術《しゅ》が終《じゅつ》わったばかりで、私《わたし》の身体《からだ》にも包帯がたくさん巻《ま》かれていましたから。それに、手術《しゅじゅつ》したばかりのときって身体《からだ》がむくむんですよ。そのむくみが、ちょっと球体関節人形ぽくて、すごく自分に重なって見えたんです。

会場では、お客さんが熱心に、尊敬《そんけい》のまなざしで作品に見入っていました。そのうち、私《わたし》の中に優越感《ゆうえつかん》みたいなものがわき上がってきたんです。なんだか、自分の身体《からだ》がアート作品のように思えて『すごいでしょ、私《わたし》の身体《からだ》』って。

帰り道、松葉杖《まつばづえ》をつきながら、ちょっとだけ気持ちが軽くなっていました。私《わたし》は彼女《かのじょ》の作品に救《すく》われたんです。やっぱり文化やアートが、私《わたし》にはすごく支《ささ》えになっているなと思いました」

義足《ぎそく》仲間や臼井《うすい》さんなど、多くの出会いから支《ささ》えをもらった須川《すがわ》さん。三浦《みうら》さんの作品も、そんな出会いの一つだという。

「バービー人形とか、リカちゃん人形とか、子どものころ遊んでいるうちに、足が股関《こかん》節《せつ》から取れることってありませんでしたか？　股関節離断手術《こかんせつりだんしゅじゅつ》をして関節がなくなったことで、自分の体はちょうどそんな状態《じょうたい》でした。そう思ったら、今の自分がちょっと受け入れやすくなって。最初の大腿切断《だいたいせつだん》より、むしろ、二回目の股関節離断手術《こかんせつりだんしゅじゅつ》の後の方が、見た目的には自分にしっくり来るなとさえ思いました。

そういうこともあって、二回目の手術《しゅじゅつ》の後は、人形やロボットのイラストも、私《わたし》のイラストのモチーフの一つとなりました。今も展覧会《てんらんかい》を開いたら一、二点は、そういったテーマで描《か》いています。意外と海外の方も喜《よろこ》んでくれて、ヨーロッパなどの海外の雑誌《ざっし》からオファーが来ました」

そう話した須川《すがわ》さんは、一冊《いっさつ》の雑誌《ざっし》をみせてくれた。表紙には須川《すがわ》さんの描《か》いたイラ

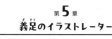

ストがあり、須川《すがわ》さんの特集ページもある。

「これはルクセンブルクの雑誌《ざっし》です。あと、オーストラリアの雑誌《ざっし》にも掲載《けいさい》されて、それもうれしかったですね。もともと人に受けようというより自分のために描《か》いていたんですけど、海外の方まで喜《よろこ》んでくれたのはうれしいですね」

義足《ぎそく》になってから、須川《すがわ》さんのイラストレーターとしての仕事は、むしろ幅《はば》が広がったといえる。

義足《ぎそく》だからこそアクティブに

「義足《ぎそく》になったから、できないことが増《ふ》えるっていうのは、すごく嫌《いや》でした。義足《ぎそく》になっても、いろんなことにアクティブ（活動的）に挑戦《ちょうせん》したいと思っていたんです。

そう思っていたころに、アメリカのポートランドからグループ展《てん》の誘《さそ》いがあったんですね。たまたまネットでイラストを見て、私《わたし》を誘《さそ》ってくれたんです。ポートランドまでは飛行機で十時間ぐらいでした。今よりも義足《ぎそく》に慣《な》れてなかったから、三時間ぐらい乗ったところでちょっとしんどくなってきて、だから、もう義足《ぎそく》をバリッと外してCAさんに、荷物として預《あず》けました。機内では松葉杖《まつばづえ》で過《す》ごして、トイレにも両松葉で行きましたね。

ポートランドでは、いっしょにグループ展《てん》を行ったメンバーが、あちこちいろんな観光名所に連れていってくれました。ポートランドは本当に良い街で、同時にバリアフリーも整っているんですよ。車いすの方がだれにも押《お》してもらわずに一人でバスに乗って通《つう》勤《きん》していました。バスも、バス停《てい》から車両まで段差《だんさ》なくフラットに乗れるようになっているんです。車いすの方が、街で一人で生活していても全く困《こま》っている様子がなく、違《い》和感《わかん》なかったです」

ポートランドでのかけがえのない経験《けいけん》は大きな自信となり、須川《すがわ》さんをますますアクティブにさせた。

「ポートランドに行ってからは、もう義足《ぎそく》でどこでも行けるなと思いました。義足《ぎそく》になっ

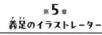

た後の方が旅行は増《ふ》えましたね。義足《ぎそく》になるまでは、旅行はちょっとめんどうくさかったんです。『いつだって行けるやん』みたいに思っていたんですよ。でも、義足《ぎそく》になってから、病気もあったし、いつ再発《さいはつ》して出かけられなくなるかもしれません。意識《いしき》して、外へ出ていくようになりました」

大阪から東京へ

2011年1月、須川《すがわ》さんは住み慣《な》れた大阪を離《はな》れ、東京に出てきた。臼井《うすい》さんが主催《しゅさい》する『スタートラインTokyo』の選手会長である水谷憲勝《みずたにのりかつ》さんに、東京での仕事を紹介《しょうかい》されたからだ。

「水谷《みずたに》さんから、東京の会社での仕事を紹介《しょうかい》されたんですよ。それまでは個人事務所《こじんじむしょ》にいて大きい組織《そしき》に入ることはなかったので、それも良い経験《けいけん》だなって思えたんです。それで東京に出てきたんです。

東京でも、イラストや個展《こてん》活動も続けたいと思っていたんですけど、2011年の3月に東日本大震災《しんさい》が起きました。来たばっかりなのに、これはたいへんなことになったなと……」

東日本大震災《しんさい》があり、日本全国が落ち込《こ》む中で、須川《すがわ》さんの周りからある企画《きかく》が生まれた。

「2011年は全国的にどん底でしたよね。本当に世の中が暗くなっている中、原宿《はらじゅく》で、義足《ぎそく》のファッションショーを開催《かいさい》したんです。義足《ぎそく》って、外装《がいそう》をつけることで、普通《ふつう》の肌《はだ》のように見せて隠《かく》せるんですが、あえて義足《ぎそく》をむき出しにして歩きましょうというファッションショーです。東日本大震災《しんさい》で落ち込《こ》む中、元気を出してもらおうと始まった企画《きかく》でした。

でも、初回だったこともあって、賛否両論《さんぴりょうろん》だったんですよね。わざわざ義足《ぎそく》を見せなくてもいいんじゃないの？　みたいな意見もありました。初めて義足《ぎそく》を見た方の中には、痛々《いたいた》しそうな顔をしていた人もいましたね。一方で、特に十代二十代の若《わか》い方から『かっ

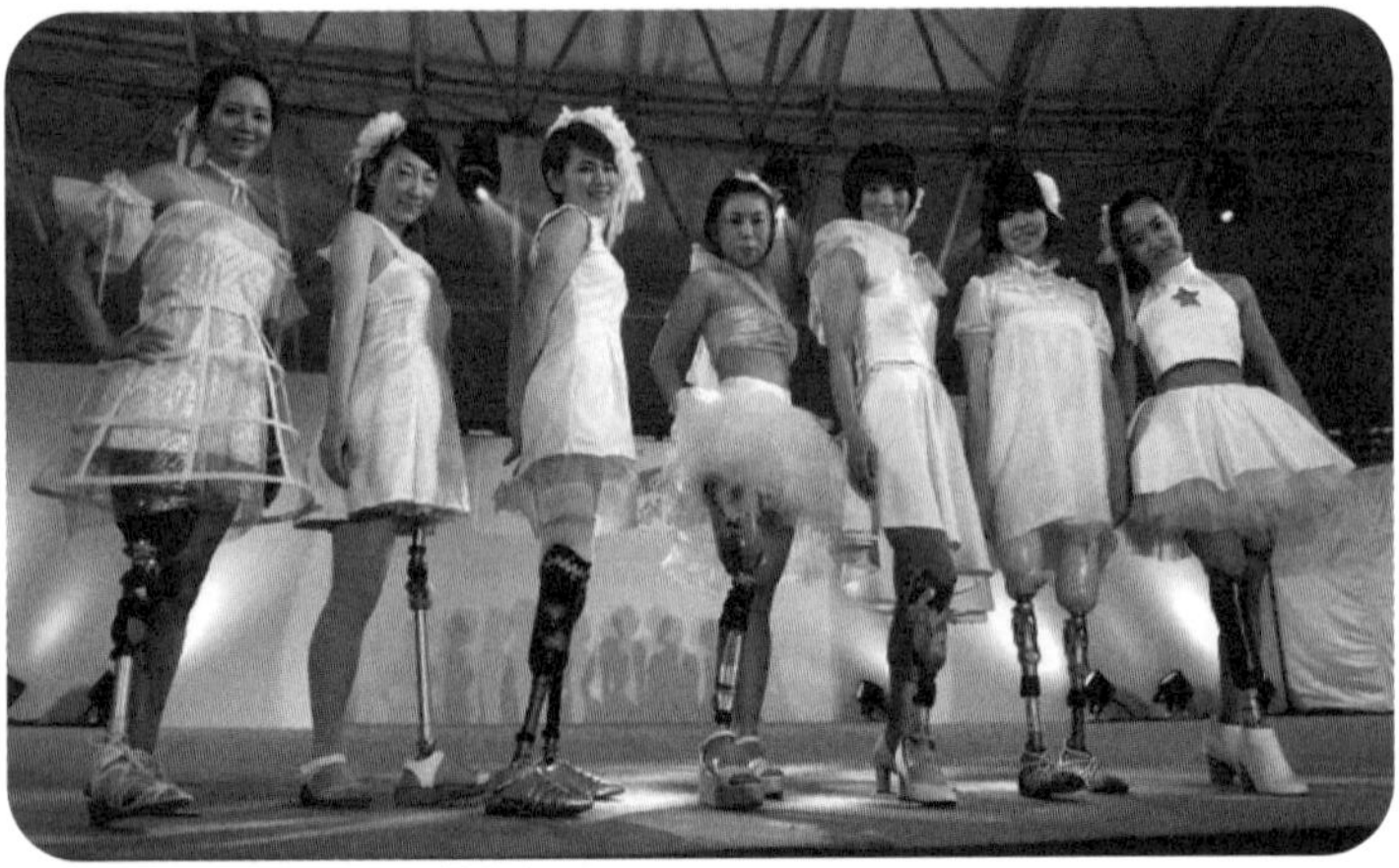

▲白いドレスに身を包んだ中能登《なかのと》でのファッションショー。
左から二番目が須川《すがわ》さん。

こいい』とかの声があって、うれしかったですね。

初回は*ゲリラ的な開催《かいさい》だったんですけど、2013年からは臼井《うすい》さんが、ショーに『切断《せつだん》ヴィーナス』という名前を付けてくれて、かなりちゃんとしたファッションショーになりました。

それから、NHKのEテレで放送されている障《しょう》がい者のバラエティ番組『バリバラ』と連動して、京都平安神宮《へいあんじんぐう》や六本木ヒルズでもファッションショーを行いましたね。石川県の中能登《なかのと》でも開催《かいさい》しました。中能登《なかのと》では村祭りのフィナーレのイベントだったんですけど、祭りのＭＣを森昌子《もりまさこ》さんがされていたこともあり、町中から人が集まっていました。おそらく二、三千人はいたと思います」

義足《ぎそく》でのファッションショーは、義足《ぎそく》になって以降、須川《すがわ》さんにとって一番印象《いんしょう》に残っている出来事だという。

「義足《ぎそく》でファッションショーなんて、それまでの私《わたし》にはない考えだったので、本当に新鮮《しんせん》でした。義足《ぎそく》を見せてみんなが喜《よろこ》んでくれるのが、義足《ぎそく》になってから一番の驚《おどろ》きでしたね。

実は私《わたし》、海外のスーパーモデルが好きで、海外のファッション誌《し》をよく読んでいたんですよ。80年代、90年代のファッション誌《し》っていうのは、今みたいに多様性《たようせい》を重んじる文化もなかったので、パーフェクトなスタイルの女性《じょせい》ばかりが載《の》っていました。私《わたし》は、クリスティ・ターリントン、ケイト・モス、ナオミ・キャンベルの大ファンだったんです。生まれ変わったらクリスティ・ターリントンになりたいって、友達に言ってたくらいです（笑）。

＊ゲリラ的——予告《よこく》なしに、不意を突《つ》くようなやり方で行うこと。

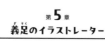

それくらい9等親や身長180センチにあこがれを抱《いだ》いてたんですが、義足《ぎそく》になったらヒールもはけないですし、歩き方もヨタヨタして松葉杖《まつばづえ》をついている状態《じょうたい》です。あこがれの世界とは正反対になった気がしていました。

そんな中で、まさかのファッションショー出演《しゅつえん》です。

義足《ぎそく》っていうのは、ファッションのような華《はな》やかな世界から一番遠のいていると思っていたのに、自分がファッションショーのモデルをやらせていただくということが、もう衝撃的《しょうげきてき》でしたね。

素人《しろうと》のなんちゃってではありますけど、ランウェイを歩いてポーズをとらせてもらうんですよ。そしたら、観客のみなさんが拍手《はくしゅ》してくれるんです」

切断《せつだん》ヴィーナスのファッションショーはとても好評《こうひょう》であり、現在《げんざい》も継続的《けいぞくてき》に開催《かいさい》されている。ふだん義足《ぎそく》を見慣《みな》れない人にとっても、驚《おどろ》きをもって楽しめる人気の企画《きかく》となっている。

義足《ぎそく》から広がる世界

２０１６年の夏、須川《すがわ》さんは会社を辞め、現在《げんざい》までフリーのイラストレーターとして活躍《かつやく》している。その合間にファッションショーのような義足《ぎそく》にまつわるイベントのほか、テレビ、雑誌《ざっし》、ウェブなどのメディアにも登場している。

「義足《ぎそく》になるまでの私《わたし》は、すべてが絵を通してのつながりでした。でも、義足《ぎそく》になってからは絵以外のつながりも増《ふ》えました。陸上をしている人、音楽をしている人、いろんな義足《ぎそく》の仲間がいる。その人たちと会うと、じゃあみんなで何かやってみようって話になるんです。講演会《こうえんかい》をしたり、ファッションショーをしたり。どんどん積極的になるんですよ。世界が広がりましたね。表に出ていくきっかけが増《ふ》えました。たぶん、私《わたし》は一人ではそんなことをしなかったと思います。仲間がいたからこそ、できていることだと思います」

今後も須川《すがわ》さんは、本の出版《しゅっぱん》や、海外での展示《てんじ》など、さまざまな活動を企画《きかく》している。

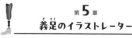

須川《すがわ》さんが義足《ぎそく》になって得《え》たものは大きい。

失ったものと得《え》たものの大きさは、比《くら》べることはできない。たとえ何かを失ったとしても、須川《すがわ》さんのように得《え》たものに喜《よろこ》び、それをかみしめて生きる人生は、とても幸せだと感じる。

（第5章・終わり）

▲須川《すがわ》さんのイラストとファッション。撮影《さつえい》者は、
パラスポーツの取材を数多くしている写真家の越智貴雄《おちたかお》さん。

おわりに

最後までこの本を読んでくださったみなさん、ありがとうございました。

私《わたし》はこの本で五人の足を失った人にお話を聞いて、義足《ぎそく》や車いすについてたくさんのことを知りました。

須川《すがわ》さん（第5章）が話してくれた「義足《ぎそく》になって、海外に出かけることが増《ふ》えた」というエピソードは、義足《ぎそく》だと行動範囲《はんい》がせまくなるのではないかと思っていた私《わたし》にとっては、びっくりさせられるお話でした。

ｓａｋｉさん（第3章）が「車いすでケガをさせないように、子どもやお年寄《よ》りに気を配っている」と話してくれたときも、自分の考えを大きくくつがえされました。それは、私《わたし》自身が、車いすの人は配慮《はいりょ》される側だと思っていたからです。

でも、私《わたし》の驚《おどろ》いたことの大半は、思い込《こ》みなんですよね。

義足《ぎそく》になったら、出かける範囲《はんい》がせまくなるんじゃないか。車いすになったら、配慮《はいりょ》される側になるんじゃないか。そんな思い込《こ》みが、取材を通して足を失った人たちのことを「知る」ことで、消えていくのがわかりました。

ひどい思い込《こ》みは「偏見《へんけん》」と呼《よ》ばれます。私《わたし》もインタビューをする中で、偏見《へんけん》を抱《かか》えていたんだと、反省することがたくさんありました。

冒頭《ぼうとう》でも書きましたが、私《わたし》は取材を始める前は、足を失った話を聞くのは、聞かれる側にとってつらいことなのではないかと思っていました。足を失うことは大きな出来事です。その経験《けいけん》に触《ふ》れること自体が、相手にとって心の傷《きず》を思い出させるのではないか。そんな風に考えていたのです。でも、それも偏見《へんけん》だったんですよね。

足を失った人でも、できることはたくさんあって、足がある人とほとんど変わらない生活を送っている人がたくさんいます。それなのに「かわいそうな人」「たいへんな人」という偏見《へんけん》から、求めてもいない同情《どうじょう》をされたり、いらない心配をされたりすることのほうが、よほど、足を失った人を傷《きず》つけるのだと気付きました。

正しい知識《ちしき》を得《え》ることで、偏見《へんけん》や思い込《こ》みを捨《す》て、本当に助けが必要なときに、正しい手の差し伸《の》べ方をすることができるのだと思います。

この本を読んで、義足《ぎそく》や車いすについて知ったみなさん、さらに興味《きょうみ》があれば、義足《ぎそく》や車いすの体験会に参加してみることをおすすめします。私《わたし》も体験しましたが、実際《じっさい》に体験してみると、もっといろいろなことが見えてくるはずですよ。

そして、「知る」ことの大切さの他にもう一つ伝えたいのは、この社会はたがいに支《ささ》え合うことで成り立っているということです。

健康な人でも、足をケガして松葉杖《まつばづえ》をつくことだってあります。大人になれば妊婦《にんぷ》さんになったり、年をとって高齢者《こうれいしゃ》になったり、自分が助けられる側になることはきっとあります。それを忘《わす》れないでほしいです。

自分はいつも助ける側じゃない。助けられる側になることもあるんだ。それを心にとどめておくことによって、困《こま》っている人に対して「障《しょう》がい者なんだから、助けてあげよう」などという上から目線にならずに「困《こま》った時はおたがいさまだよね」という優《やさ》しい気持ちになれるのだと思います。

最後になりましたが、改めて、お話を聞かせてくださった五人の方に、心から感謝《かんしゃ》を申し上げます。

読者のみなさんも、本当にありがとうございました。この本を読んで知ったこと、感じたことが、少しでもみなさんの人生を豊《ゆた》かにする助けになりますように。

舟崎《ふなさき》泉美《いずみ》

もしも明日、ぼくの足がなくなったら

2025年2月13日　第1刷発行

著　者　　舟崎泉美
発行人　　川畑勝
編集人　　中村絵理子
企画・編集　安藤聡昭
発行所　　株式会社Gakken
〒141-8416 東京都品川区西五反田2-11-8
印刷所　　中央精版印刷株式会社

【この本に関する各種お問い合わせ先】
○本の内容については、下記サイトのお問い合わせフォームよりお願いします。
https://www.corp-gakken.co.jp/contact/
○在庫については　Tel 03-6431-1197（販売部）
○不良品（落丁、乱丁）については　Tel 0570-000577
学研業務センター　〒354-0045　埼玉県入間郡三芳町上富279-1

学研グループの書籍・雑誌についての新刊情報・詳細情報は、下記をご覧ください。
学研出版サイト　https://hon.gakken.jp/